LA BÊTISE ADMINISTRATIVE

ERIC BRUNET

LA BÊTISE ADMINISTRATIVE

Excès, absurdités, bavures et autres scandales

Albin Michel

Ouvrage publié
sous la direction de Stéphane Simon

22, rue Huyghens, 75014 Paris

ISBN : 2-226-09976-X

A Iris Baujard.

A tous ceux
dont l'administration a brisé la vie.

« Longtemps on a dit en parlant des hommes : “ diviser pour mieux régner ”. Nous disons, nous, en parlant des choses : “ diviser pour mieux administrer ”. »

Emile de Girardin

Prologue

Chaque jour, en France, l'administration tue, blesse, vole, humilie, emprisonne à tort, détourne de l'argent, commet des fautes, n'assiste pas ceux qui sont en danger. Chaque jour des citoyens sont victimes de ses erreurs grossières, de ses abus de droit, de ses injustices. Celle qui devrait être la garante de l'égalité de traitement entre les Français est devenue une « machine à broyer » les illusions et les vies. On la dit bête, méchante, bornée, rigide, suspicieuse, inhumaine...

Même en période de crise, alors que la société aspire à plus de solidarité, l'administration, figée dans sa tour d'ivoire, continue d'appliquer mécaniquement des règlements souvent désuets. Aucun citoyen n'est désormais à l'abri de cette machine qui peut, du jour au lendemain, ruiner sa vie.

J'ai en horreur le misérabilisme et le poujadisme, pourtant la situation est grave : les Français ne comprennent plus rien à l'administration, qu'elle s'appelle justice, police, Sécurité sociale, DDASS, mairie, hôpital ou fisc. Elle est devenue une arme à tuer le bonheur !

Voici donc l'histoire d'une trentaine de Français, qui, un jour, se sont trouvés broyés par la machine. Ce livre n'a qu'un but : vous informer afin que vous soyez préparés à réagir si, un jour, c'est votre tour.

I.

Le pot de terre contre le pot de fer

Le passage à tabac

21 novembre, 17 heures. Noël approche et, dans le quartier des grands magasins, à Paris, la foule se presse. Les boutiques sont prises d'assaut par les touristes et tous ceux qui viennent effectuer leurs emplettes pour les fêtes. Il fait froid. Au milieu de la foule, Gérard marche d'un pas hésitant. Ce grand moustachu de 36 ans, banlieusard de l'Essonne, pénètre pour la première fois dans un grand magasin. Il ressort quelques minutes plus tard avec, dans la poche de son anorak, une cassette audio de Pierre Bachelet qu'il vient de dérober. Ouvrier typographe, père de trois enfants, il possède un casier judiciaire vierge. Depuis près de dix-huit ans, il travaille chez un imprimeur du 17e arrondissement de Paris. Depuis deux ans, il est même sous-chef typographe et gagne 10 000 francs nets par mois. Pourtant Gérard vient de « piquer » une cassette à 79 francs...

Il marche sur le trottoir du boulevard Haussmann, la main dans la poche serrant la cassette de Pierre Bachelet. Soudain, Gérard est crocheté par-derrière. Il se retourne : un homme aux cheveux courts l'asperge avec une bombe lacrymogène. Le gaz le brûle au visage et au cou. Il s'effondre dans un hurlement de douleur. Le vigile ne désarme pas, et continue d'asperger Gérard à bout portant. Ce dernier se débat, mais l'homme aux cheveux courts s'assoit à califourchon sur lui et, avec l'assistance d'un passant, lui menotte les mains dans le dos. Puis il entraîne le voleur vers le magasin, le fait descendre dans le local du service de sécurité. Gérard a peur, il est prêt à rendre la cassette, mais l'homme ne veut rien savoir. Alors Gérard tente de se dégager et pousse le vigile qui se cogne le crâne contre un petit muret. Aussitôt commence le passage à tabac. Gérard est roué de coups, au visage, à la cage thoracique, dans le ventre. Il s'effondre. Alertés par le bruit, des collègues du vigile pénètrent dans le local et tentent de s'interposer, sans succès.

17 h 50. Gérard est conduit au commissariat de police de la Chaussée-d'Antin par le vigile. Il est interrogé par un inspecteur. Mais, groggy, Gérard répond à peine. L'inspecteur s'énerve et décide de le placer en garde à vue. La sanction est dure. Gérard est enfermé dans une cellule où se trouvent déjà cinq autres personnes. Il a le visage tuméfié, le cou brûlé, et pleure silencieusement.

Un jeune homme, présent dans la cellule pour une garde à vue consécutive à un vol à la tire, témoigne : « Ses vêtements sentaient le gaz lacrymogène. Les gardiens, exaspérés par son mutisme, l'ont frappé devant nous. Il ne comprenait pas pourquoi il était en garde à vue pour un vol de cassette. Après, ils l'ont amené dans une autre cellule et je crois qu'ils l'ont sérieusement passé à tabac. Le lendemain matin, il ne pouvait plus marcher. Une de ses jambes ne fonctionnait plus et il ne pouvait plus parler. Plus il était faible et silencieux, plus ça agaçait ses gardiens qui le maltraitaient davantage. C'était choquant car n'importe qui aurait remarqué que ce type n'était pas dans son état normal. »

Après le départ des policiers, Gérard, en état de choc, se recroqueville en position fœtale dans un coin de la cellule et ne répond à aucune question. A 19 h 50, heure de la fermeture des locaux administratifs, il est transféré au commissariat central du 9e arrondissement à l'aide d'un car de police-secours, pour être placé dans une cellule.

A 21 h 20, un brigadier en faction observe que Gérard reste effondré dans sa geôle. Il est alors conduit à l'Hôtel-Dieu. Il éprouve des difficultés à s'exprimer, marche mal, souffre de la tête... Des radiographies font apparaître un traumatisme crânien avec pertes de connaissance. Un certificat médical, établi par le Dr Diamant-Berger, note la présence de céphalées, de vertiges, ainsi qu'une attitude désorientée du malade. Il est mentionné qu'« il ne répond pas aux questions que le médecin lui pose ». En dépit de ces constatations, l'interne de service refuse l'admission à l'hôpital. Les policiers ramènent leur prisonnier dans le fourgon cellulaire. « Ce n'est pas aujourd'hui que tu vas être hospitalisé ! » ironisent-ils.

Gérard regagne le commissariat central du 9e vers 23 h 30. Il y passe la nuit. Selon ses déclarations, il subit alors de nouvelles violences : « Coups de pied, coups de poing au visage, sur la tête, strangulation, et coups de poing sur les parties génitales.

« Je pense que plusieurs policiers m'ont frappé, mais j'ai le souvenir plus particulier de l'un d'entre eux, que je pourrais reconnaître le cas échéant. Je le décrirai sommairement en vous disant qu'il était grand et blond. »

Mardi 22 novembre, 8 h 50. L'homme qui a tenté de dérober une cassette de Pierre Bachelet à 79 francs est à nouveau conduit devant un inspecteur du commissariat de la Chaussée-d'Antin pour un interrogatoire. « Ils ont essayé de me faire parler, expliquera plus tard Gérard aux experts psychiatriques, mais les mots ne sortaient pas. J'avais une partie du visage paralysée, j'essayais de parler mais je n'y arrivais pas. Ils m'ont frappé à coups de poing, à coups de pied. Je me rappelle même du nom du chef des policiers. Comme ils ont vu qu'ils n'arrivaient pas à me faire parler, ils m'ont jeté dans les escaliers car je ne tenais pas debout. Je me souviens qu'à cette occasion ils m'ont encore frappé à plusieurs reprises avec une savate. »

Gérard est enfermé dans un mutisme total : il souffre d'aphasie. De surcroît, il n'arrive plus à marcher. Le nouvel interrogatoire tourne court et Gérard est renvoyé dans le local des gardes à vue. Quelques minutes plus tard, un brigadier entre dans le bureau de l'inspecteur. « Le gardé à vue, explique-t-il, fait des difficultés pour monter au deuxième étage. Il est allongé dans l'escalier et refuse de bouger. » L'inspecteur en a assez. Il donne l'ordre de « faire emploi de la force nécessaire afin de le reconduire dans la salle des gardes à vue ». Le corps inerte de Gérard est traîné dans les escaliers et il est enfermé de nouveau. Toute la matinée il restera dans un demi-coma. Vers 11 heures, l'inspecteur le convoque à nouveau afin de lui notifier la fin de sa garde à vue, mais Gérard ne peut signer. Il se souvient : « Ils m'ont contraint à signer en me tenant le bras tandis que l'inspecteur me frappait. »

Cette fois l'inspecteur a compris que Gérard est mal en point. Il ordonne enfin le transport du prisonnier à l'hôpital Lariboisière. Gérard est toujours paralysé. Du coup, un policier lui fait dévaler l'escalier allant du premier étage au rez-de-chaussée.

Le service des urgences de Lariboisière détecte immédiatement une dissection de l'artère carotide gauche. Pour le médecin, cette déchirure de la paroi artérielle provient soit d'un choc direct local soit d'une strangulation. Elle est la cause de l'hémiplégie dont souffre le blessé. Or, la veille, à l'Hôtel-Dieu, rien n'avait été remarqué de cet ordre. L'hémiplégie aurait donc pour source les violences subies dans la nuit du 21 au 22 novembre au commissariat du 9e.

L'après-midi des faits, Marie-Claude, l'épouse de Gérard, a attendu son mari en compagnie de leurs trois enfants, dans le pavillon familial. Ce n'est que le lendemain qu'elle a reçu un appel téléphonique de l'hôpital Lariboisière lui apprenant que son époux venait d'être admis et se trouvait « dans un état assez grave suite à une agression ». Marie-Claude cherche à en savoir davantage. Gérard est en réanimation et elle ne peut venir le voir. Le dimanche qui suit les événements, Marie-Claude peut enfin rendre visite à son mari. Gérard ouvre à peine les yeux et ne parle pas. On remet à sa femme les vêtements du blessé. Elle observe que ses sous-vêtements sont tachés de sang, notamment son slip.

Les avis rendus par les experts médicaux sont accablants : le traumatisme de la région cervicale est directement responsable d'une hémiplégie droite et de troubles du langage. Gérard ne parlera plus qu'avec difficulté, ne pourra plus travailler. Il devra être assisté jusqu'à la fin de ses jours. Il effectuera, dans les années qui suivront, de nombreux séjours dans des établissements psychiatriques.

Epilogue

Après une longue et difficile instruction, la responsabilité individuelle des agents de police incriminés n'a pu être établie. Le tribunal de grande instance de Paris prononce donc un non-lieu. Toutefois, il reconnaît que c'est lors de la garde à vue que Gérard a été le plus gravement frappé. Dans son témoignage, l'inspecteur n'avait pas hésité à déclarer : « Pendant sa garde à vue, Gérard se laissait tomber sur le sol d'une manière systématique. Il se jetait aussi volontairement contre les murs et les montants des portes de couloirs. Il en était résulté des contusions au visage sans gravité. »

Plus de douze ans après les faits, le ministère de l'Intérieur est condamné à verser à Gérard et à sa famille, au titre d'indemnisation du préjudice, la somme de 2,7 millions de francs. Quant aux multiples hospitalisations de Gérard, elles auront coûté à la caisse régionale de l'assurance maladie d'Ile-de-France 730 000 francs, et près de 500 000 francs à la caisse primaire d'assurance maladie de l'Essonne. Le coût du tabassage de Gérard aura donc coûté environ 4 millions de francs à la collectivité !

Ce « fait divers » n'a pas retenu l'attention de la presse française. Gérard est mort en octobre 1997.

Le mas provençal

Lorsqu'en 1978 Alain et Edith visitent le vieux mas provençal en ruine, c'est le coup de foudre. Ils se regardent et comprennent l'un et l'autre que ce sera celui-là et pas un autre. Bien sûr, le bâti s'effondre, mais Alain a de l'or dans les mains et, avec le temps, il fera de cet endroit l'habitation de leurs rêves. De toutes façons, leurs moyens ne permettent pas d'investir dans une maison plus chère. Alain est automaticien, c'est-à-dire employé dans une société qui fabrique des automates programmables pour les usines. Il signe l'acte d'achat de ces 1 300 mètres carrés de terrain pour une valeur de 100 000 francs. Nous sommes au cœur de la Provence et c'est, pour l'époque, un prix normal dans le nord du Vaucluse.

A une quarantaine de mètres de la façade sud de la maison se trouve un péage d'autoroute. Nous sommes à Bollène, sur l'A7, à une cinquantaine de kilomètres au nord d'Avignon en direction de Valence. Le bruit généré par le trafic routier est parfaitement supportable. Edith et Alain, avant d'acheter, sont venus plusieurs fois sur leur futur terrain, à des heures différentes, afin d'évaluer le bruit. Certes on entend un peu le trafic routier, mais il est étouffé par les arbres qui séparent le vieux mas du péage. En effet, à quarante mètres en contrebas, les Autoroutes du Sud de la France, société contrôlée par l'Etat, ont installé un talus de verdure planté de résineux divers : pins, sapins, cyprès... Cette oasis de verdure, impeccablement entretenue, masque l'autoroute. En se haussant sur la pointe des pieds, le couple aperçoit à peine le toit d'un box de péage.

Alain, heureux de son investissement, se met au travail. Tous les week-ends, aidé par quelques copains, il remet sur pied la vieille bâtisse, construit même une piscine. A la fin des travaux le résultat est à la mesure de leurs espérances.

En 1993, les Autoroutes du Sud de la France décident d'agrandir le péage. Bollène va être doté d'un vaste parking pour voitures et poids lourds et de cabines supplémentaires de péage.

Les travaux dureront plusieurs semaines. Le bruit est infernal. Plus grave : Edith et Alain voient leur barrière de verdure remplacée par des cabines de péage, des semi-remorques et des voitures ! Sacrée mitoyenneté pour le paradis provençal ! C'est une catastrophe. Après quatre mois de travaux, lorsque le nouveau péage entre en fonction, les poids lourds défilent à quelques mètres de la piscine. Plus question de passer des après-midi dehors, l'odeur de gazole et le bruit sont devenus intolérables.

Le jour de l'achèvement des travaux Edith et Alain reçoivent une lettre des ASF : « Votre habitation étant antérieure à la création de l'autoroute et aux travaux d'agrandissement du péage, nous sommes disposés à entreprendre des travaux de protection de votre façade. » Les ASF se basent sur une circulaire ministérielle du 2 mars 1983 qui prévoit que, dans l'hypothèse d'une aggravation du seuil de pollution sonore, on doit s'efforcer de le ramener à ce qu'il était avant transformation des voies existantes. A cet égard le texte de la circulaire est clair : « Lorsque la contribution sonore de la voie, avant transformation, est inférieure à 65 décibels, on se fixera pour objectif après transformation que cette contribution n'excède pas un leq compris entre 60 et 65 décibels. »

Des experts des ASF viennent donc mesurer le bruit. Le résultat : 68 décibels. Dans le jardin il faut crier pour se faire comprendre. Le mas répond aux deux critères – antériorité de la maison par rapport aux travaux et niveau sonore supérieur à 65 décibels –, les travaux peuvent donc commencer.

Pour les ASF, l'isolation phonique se résume à un double vitrage. Toutefois, les experts expliquent au couple que la société autoroutière ne serait pas opposée à la construction d'un mur de protection phonique à condition qu'il soit pris en charge conjointement par la mairie de Bollène... et les riverains floués par les nouvelles nuisances !

Alain n'est pas d'accord : « J'ai acheté une maison à côté de l'autoroute alors que le niveau sonore était acceptable. Quinze ans après les ASF ont modifié l'autoroute provoquant une accentuation grave de la pollution sonore. Maintenant le bruit est au-delà des normes autorisées. J'ai tous les textes pour moi. Les ASF doivent payer le préjudice dans sa totalité. »

Que faire ? Prendre un avocat ? Les moyens

d'Alain et Edith ne le permettent pas. « Tout l'argent que nous avions était passé dans la maison. Impossible de se lancer dans une procédure coûteuse. »

Le 22 septembre 1995, la lettre du président des ASF est pour Edith et Alain une vraie douche écossaise : « Je vous rappelle que vous avez acquis votre habitation en 1977 alors que la déclaration d'utilité publique de la gare de Bollène avait été prononcée le 28 août 1961. Bien que votre habitation ait été construite avant 1961, vous ne pouvez pas bénéficier de la règle d'antériorité. En effet, si la circulaire du 2 mars 1983 l'énonce sans l'expliquer, c'est qu'elle reprend la jurisprudence traditionnelle du Conseil d'Etat qui a toujours refusé d'indemniser les préjudices subis par les riverains qui se sont installés à proximité d'un ouvrage public alors qu'ils avaient connaissance de son existence présente et future.

Dans votre cas, il ne fait aucun doute qu'en 1977 le prix d'achat a été fixé en tenant compte des installations de l'autoroute. Dans ces conditions, je ne peux donner aucune suite favorable à votre demande. Je sais que ma réponse vous décevra mais vous comprendrez qu'en tant que président d'une société dont le principal actionnaire est l'Etat, et concessionnaire de ce dernier pour la construction et l'exploitation de l'autoroute A7, je suis tenu de veiller au strict respect des règles fixées par l'Etat. »

Alain fouille dans le code civil. Le paragraphe sur les nuisances sonores est éloquent : « Le trouble de voisinage peut être retenu si postérieurement à l'acquisition d'une habitation, l'activité ne s'est pas poursuivie dans les mêmes conditions, de telle sorte que les nuisances ont été aggravées. » Alain et Edith sont donc dans leur droit, mais que faire ? « Moi, un petit ouvrier, je ne vais quand même pas attaquer l'Etat. Ils ont les moyens de faire traîner l'affaire pendant des années. J'ai 51 ans, je ne veux pas passer les années qui me restent à vivre à me ruiner pour cette histoire. » Le couple écrit des dizaines de lettres : au maire de Bollène, aux conseillers généraux, au député, au préfet du Vaucluse, au ministre de l'Environnement, à celui des Transports... Ils attendent les réponses !

Epilogue

Désormais, hiver comme été, Alain et Edith évitent d'aller dans le jardin. Le matin entre 6 et 8 heures, et le soir entre 18 et 19 heures, au moment où les poids lourds entrent et sortent de l'A7, la pollution sonore est devenue insoutenable. Sur l'aire de péage, les poids lourds stationnent des nuits entières, en dépit des interdictions. Les chauffeurs s'y donnent rendez-vous, échangent les remorques à l'occasion de manœuvres extrêmement bruyantes. Les camions frigorifiques qui passent la nuit sur l'aire laissent leur groupe électrogène fonctionner en permanence afin d'alimenter le circuit frigorifique et de protéger leur cargaison. Le péage de Bollène qui voyait passer six mille véhicules par jour il y a seulement cinq ans avoisine désormais les quinze mille véhicules par jour dont près de 20 % de camions.

Alain a demandé à une entreprise de venir mesurer le bruit dans sa maison. Il atteint, à certains moments de la journée, 70 décibels ! Il faut savoir que 80 décibels constituent un plancher insupportable à l'oreille humaine et provoquent de violentes douleurs... Du coup Alain a sollicité une entreprise de la région afin qu'elle établisse le devis d'une protection antibruit. Le prix, avec des éléments en PVC recyclés, s'élève à 140 000 francs. « C'est plus que le salaire annuel de mon mari », a simplement commenté Edith.

Le contrôle fiscal

Dans cette commune du Pas-de-Calais, on l'appelle « le Polonais ». Non qu'un fils d'immigrés polonais soit exceptionnel dans l'ancien bassin minier, mais simplement Nicodème est le seul pâtissier de la région à vendre des pâtisseries aux noms slaves, constituées de pain d'épice et de chocolat. A Noël, il place même en vitrine des moulages de saints en chocolat incrustés d'images pieuses comestibles ! Nicodème est aussi boulanger, confiseur et glacier. Alors que son affaire marche bien, l'autre pâtisserie du village fait grise mine. On vient de tout le pays acheter son pain, ses gâteaux, ses tartes. Le détour par « chez le Polonais » est entré dans les mœurs, car la boutique change chaque jour. Nicodème organise des présentations de desserts autour de grands thèmes : Noël, le chocolat, la neige, la forêt vierge, Paris. Il compose en virtuose de véritables sculptures en sucre. Il a effectué des stages pour apprendre les traditions de la confiserie en France comme à l'étranger. Et puis, cet original à la bouille joviale a été au conservatoire, joue du saxophone et du basson, enseigne le violon et la clarinette.

Les affaires de la pâtisserie marchent tellement bien que Nicodème, malgré ses sept salariés, n'arrive pas à répondre à la demande. Il a trop de travail. Il envisage d'ailleurs d'embaucher encore trois jeunes pâtissiers.

Un matin au début du mois d'avril, un courrier anodin annonce un contrôle fiscal. Le petit commerçant se résigne. Il n'a jamais fraudé, aussi la formalité ne devrait prendre que quelques jours. Le vérificateur semble tenace. Chaque matin, alors qu'il se trouve chez le comptable de Nicodème, il appelle le pâtissier au téléphone et le somme de venir les rejoindre. Chaque matin donc, vers 8 heures, Nicodème abandonne son commerce, se rend dans le bourg voisin, distant d'une dizaine de kilomètres, et passe la demi-journée à reprendre sa comptabilité. Les semaines passent, bientôt les mois. Quatre... Cinq... Six... Nicodème n'est quasiment plus à la boutique.

Le contrôle dure huit mois. Fait exceptionnel, il ne s'arrête même pas durant la période de fermeture annuelle. Le vérificateur invite l'ensemble des administrations à contrôler la pâtisserie : URSSAF, DGCCRF (ex-répression des fraudes), douanes, contrôle des prix, DDASS, hygiène, même la gendarmerie et la police s'y mettent... Aucune ne donne suite : la situation de Nicodème est limpide. Toutes abandonnent donc, sauf une : le fisc. L'entêtement du vérificateur confine à l'obsession. Veut-il mettre à bas la pâtisserie de Nicodème ? Il y est presque parvenu : l'affaire va mal. Depuis la fin du mois d'avril, les bilans sont négatifs. Nicodème déprime. Il passe des heures effondré dans l'arrière-boutique... quand il n'est pas chez son comptable à détailler pour la centième fois ses comptes. Pourquoi ce vérificateur s'acharne-t-il sur lui ? Quoi qu'il en soit, les résultats ne se font pas attendre : Nicodème déprime et dans la pâtisserie, les gâteaux se font rares. En tout cas, « ils sont moins bons qu'avant », estiment les habitués. « Le Polonais » licencie ses employés. L'affaire coule.

A l'inverse, la pâtisserie concurrente va mieux. Beaucoup mieux même. Nicodème trouve ce renouveau suspect. Il mène une enquête discrète. Quelques jours lui suffiront pour découvrir que le vérificateur est le beau-frère du boulanger concurrent et que sa femme a des intérêts dans l'affaire. Il apprend aussi que son comptable est, lui aussi, apparenté au boulanger concurrent ! Il faut faire vite car Nicodème vient d'être condamné à 80 000 francs de redressement fiscal.

Les malheurs s'enchaînent. La fille de Nicodème, traumatisée par le naufrage de son père, interrompt ses études. Son fils, invalide à 100 %, est déclaré décédé à la Cotorep d'Arras, l'organisme qui gère les allocations aux handicapés. Nicodème ne comprend pas. Il interroge le service concerné et découvre que le dossier de son fils a été classé car l'enfant a été déclaré décédé... par le centre des impôts. Au terme de six mois de démarches, Nicodème réussit à faire rétablir la pension.

Nicodème utilise l'énergie qui lui reste pour démonter la machination dont il est victime. Il lance une procédure et réclame une suspension de ses paiements au fisc. L'administration répond qu'il doit adresser une demande écrite avec accusé de réception au trésorier payeur général, au directeur du centre des impôts du département, au directeur du centre des impôts local, au percepteur, au préfet et au maire de sa commune. Nicodème écrit et obtient la suspension des paiements. Il demande alors à être entendu par la commission départementale des impôts, une commission paritaire composée de trois fonctionnaires des impôts et de trois représentants des contribuables. Cette commission est généralement présidée par un jeune énarque qui fait ses classes dans un tribunal administratif. Les représentants de l'administration sont un directeur divisionnaire de l'administration fiscale et deux directeurs principaux. Côté contribuables, on trouve un représentant de la chambre de commerce locale, un représentant des experts-comptables et un représentant du contribuable, issu en général du monde syndical. Au moment de statuer sur le litige, la voix du président est prépondérante. Le principe de parité entre le contribuable et l'administration fiscale est donc tout relatif puisque c'est le président, diplômé de l'ENA, qui a le dernier mot en cas d'égalité des voix.

La procédure est simple. Le vérificateur se présente avec le contribuable ; il soumet un rapport et demande confirmation du redressement par la commission.

Le jour de l'audience, Nicodème est seul, non seulement son comptable ne s'est pas déplacé, mais le vérificateur non plus. La commission propose de couper la poire en deux : « Vous payez 40 000 francs de redressement et c'est fini. » Le pâtissier refuse. Question de principe.

Nicodème reprend la plume. Le centre local des impôts affirme ne rien pouvoir faire. La direction départementale trouve le redressement « tout à fait justifié ». Un député de la région saisit toutefois la commission des Finances de l'Assemblée nationale : le redressement semble suffisamment trouble pour que le renvoi du dossier pour un examen approfondi soit appuyé. L'administration obtempère.

Quelques semaines plus tard, le pâtissier ruiné reçoit une lettre sibylline de la direction départementale des impôts lui accordant... le dégrèvement total ! Entre le début du contrôle fiscal et le moment où l'administration a reconnu son erreur, neuf années se sont écoulées.

Epilogue

Nicodème a 63 ans. Il n'a toujours pas obtenu la mainlevée de son cautionnement, ni le remboursement des frais d'huissier, ni la restitution de son fichier clientèle, ni les cahiers de recettes qu'il tenait de son père. Le vérificateur les avait demandés pour, soi-disant, contrôler le prix de revient des gâteaux.

Ce contrôle fiscal a coûté près de 2,5 millions de francs à Nicodème et neuf années de son existence.

Le vérificateur n'a pas été inquiété. Il est toujours en poste.

Quant à la pâtisserie voisine, elle a placé dans sa vitrine un gâteau au chocolat et aux myrtilles semblable à ceux que Nicodème préparait jadis...

Nicodème, lui, n'a plus de pâtisserie.

O Corse, île d'amour

François sort de l'Ecole des impôts pétri de convictions républicaines. Acquitter l'impôt est un devoir de citoyen, et il entend faire appliquer ce principe sur l'ensemble du territoire de la République. Après un stage à Aubervilliers, en région parisienne, pendant six mois, il doit, comme l'ensemble de ses collègues, choisir sa première affectation. Originaire d'Aix-en-Provence, ce grand gaillard moustachu n'a aucune envie de gagner ce qu'il appelle « le grand Nord ». Or, pour un jeune inspecteur, il est impossible d'obtenir une affectation au sud de la Loire avant sept années de carrière au nord. François décide d'observer avec attention le tableau des affectations. Rapidement, il lui apparaît que les seuls postes à pourvoir dans le Sud sont en Corse. La Corse ! Voilà la solution ! Immédiatement, il postule. Seul. Ses collègues essaient de le dissuader : « Tu es fou. Tu vas avoir des problèmes, pense à tes enfants. » Même le directeur de l'Ecole demande à s'entretenir avec ce kamikaze pour le faire changer d'avis.

Inflexible, François débarque sur l'île de Beauté

un beau jour de septembre 1996, avec, en poche, sa nomination d'inspecteur en fiscalité immobilière. Dans sa circonscription il s'occupera des successions, des mutations, des cessions de parts sociales. « Tout de suite, raconte-t-il, j'ai constaté un état d'esprit particulier. On ne payait pas d'impôts, ou très rarement. La majorité des gens bénéficiait de rentes versées par l'Etat. Des rentes d'invalidité à foison pour des jeunes de 20 ans en bonne santé. Vous imaginez ! Tout cela financé par les contribuables continentaux. J'ai trouvé cela scandaleux. Il y a autre chose d'incroyable : l'administration fiscale admet officiellement l'idée qu'un inspecteur des impôts corse ne doit pas redresser un autre Corse. Vous imaginez ! Comme si un inspecteur des impôts breton, picard ou limousin ne pouvait pas procéder au redressement d'un citoyen originaire de la même région que lui ! La Corse était un terrain vierge. Il n'y avait pas eu d'inspecteur sur mon poste depuis des années. »

La première affaire à laquelle s'intéresse François concerne un notaire corse exerçant sur le continent. Après avoir acheté plusieurs hectares de garrigue à bas prix – des terrains inconstructibles vingt fois moins chers que des terrains à bâtir – il fait édifier quatre villas, sans permis de construire ni infrastructure. Les eaux usées sont déversées dans un petit ruisseau, à sec pendant l'été... Les gendarmes, alertés par des voisins, établissent un constat qu'ils transmettent à l'administration fiscale.

Les terrains étant bâtis et les villas louées 15 000 francs par mois, François procède au redressement fiscal du notaire. Son chef direct, inspecteur principal des impôts, le convoque et lui demande d'interrompre la procédure. François refuse et réclame une note de service lui enjoignant de mettre un terme à ce redressement. Il établit la taxation exacte et s'apprête à envoyer son avis de redressement quand, à sa grande surprise, sa direction lui demande de reprendre immédiatement en main des contentieux d'impôts sur le revenu et d'impôts locaux. « C'est incroyable, explique-t-il, des gens n'avaient pas payé leurs impôts depuis dix ans, et personne n'avait rien fait ! Mais ce qui est étrange, c'est qu'on ne demande jamais à un responsable de fiscalité immobilière de s'occuper d'impôts sur le revenu. Ce sont deux choses très différentes ! Officiellement, on m'a détaché en renfort sur des contentieux de taxes locales. J'ai vite compris qu'on m'avait donné un os à ronger pour que je cesse de déranger. »

François abandonne provisoirement l'affaire des quatre villas. Durant un week-end, le dossier de redressement disparaît. Le lundi matin, révolté, François fonce chez l'inspecteur principal : « Vous étiez le seul à avoir la clé de mon bureau. Où est le dossier du notaire ? » Personne n'a rien vu, personne ne sait rien, personne ne comprend.

Quelques semaines plus tard, François découvre que les fiches de décès s'amoncellent dans les bureaux des impôts sans qu'aucune déclaration de succession soit jamais établie. Il interroge ses collègues. Personne ne répond. Aucune succession n'étant déclarée, l'administration ne sait plus à qui les biens sont transmis depuis des générations ! François décide de tirer la situation au clair. Il découvre que la Corse est régie par un vieux texte révolutionnaire, l'arrêté Miot du 21 prairial de l'an 9 ; cet arrêté stipule qu'en cas de succession, l'Etat n'imposera pas de pénalité si les déclarations ne sont pas déposées dans le délai légal de neuf décades (90 jours) après la mort du défunt. Or, l'ensemble des départements français est soumis en matière successorale à l'article 641 du code général des impôts qui oblige les héritiers à établir et déposer une déclaration de succession dans les six mois qui suivent la disparition du défunt. « Au fil des années, les notaires et le fisc ont interprété l'arrêté Miot, constate François. On s'est mis à considérer qu'il n'était pas utile de déposer une déclaration de succession en Corse. Cette différence de traitement entre la Corse et le continent est inadmissible. Ce passe-droit est scandaleux ! Alors j'ai taxé les successions conformément à la loi française. Les notaires, les promoteurs ont trouvé ma présence indésirable. On m'appelait l'inspecteur rouge, moi qui n'ai de respect que pour le général de Gaulle ! »

La direction générale des impôts refuse de suivre François et lui demande de cesser de s'intéresser aux successions en Corse. Quelques jours plus tard, sa voiture est plastiquée devant son bureau. Le lendemain, une voix de femme anonyme lui dit simplement au téléphone : « Attention à ta femme et à tes deux filles. Si tu continues, elles pourraient avoir des petits problèmes. » Deux gendarmes escortent désormais François. Deux autres gardent l'entrée de l'immeuble où vit sa famille.

La direction régionale des impôts somme François de cesser ses redressements.

– Pour votre sécurité, explique le directeur.

– Je veux faire respecter la loi, répond François.

François veut comprendre comment son administration peut tolérer cette situation. Il a entendu d'étranges rumeurs. Une des personnes qu'il était en train de redresser, propriétaire d'une discothèque, lui a proposé 200 000 francs en liquide afin qu'il enterre le dossier. François s'apprête à attaquer le corrupteur devant les tribunaux lorsque celui-ci avoue : « Je suis désolé, j'ai fait la même chose voici deux ans avec un de vos collègues qui a accepté 300 000 francs... » François se tait, mais mène son enquête. Grâce à l'aide de quelques inspecteurs qui ont quitté la Corse, grâce à des témoignages de contribuables, il découvre les agissements de certains de ses collègues dans le sud de la France et en Corse : un réseau établit volontairement des notifications de redressements élevés, puis les diminue de moitié moyennant un pécule en liquide.

François découvre aussi qu'un inspecteur divisionnaire des impôts, chargé de la cellule contentieux d'un département méditerranéen, ainsi que son épouse, également inspecteur des impôts, n'ont jamais effectué de déclaration d'impôts de leur vie ! Il signale cette situation anormale et demande des sanctions exemplaires.

De même, François relève, toujours dans le Sud, qu'un trésorier-payeur général possède deux appartements de fonction. L'homme loue, à ses frais, un studio pour ses besoins personnels et a mis en location les deux appartements administratifs !

C'en est trop. François a visé un gibier au-dessus de ses possibilités. Le courageux inspecteur est muté. Rapatrié sur le continent, officiellement pour des « raisons de sécurité », il demeure sans poste, mais l'administration fiscale continue de lui verser son salaire. Après quelques années sans affectation, il démissionne.

Epilogue

Le notaire n'a jamais reçu de redressement fiscal. Les villas lui rapportent environ 300 000 francs par été. Le couple d'inspecteurs des impôts n'a pas été poursuivi pénalement ni rayé des cadres de l'administration. Ils ont simplement été mutés.

Le trésorier-payeur général n'a subi aucune sanction.

Chaque année, l'administration fiscale effectue pour plus de 55 milliards de redressements. Toutefois, cette rentrée, rapportée au nombre de fonctionnaires nécessaires aux vérifications et aux frais de recouvrement, coûte plus à la collectivité qu'elle ne lui rapporte. D'autant que plus de la moitié de ces milliards ne sont pas recouvrés dans les dix ans qui suivent le redressement.

Que dire enfin de cette administration qui a érigé la délation en principe puisque, selon l'article 1825 S du code général des impôts, les personnes ayant dénoncé un contrevenant à l'administration fiscale pourront recevoir une rémunération sur le redressement, allant de 5 à 10 % de la somme recouvrée. Cette rémunération sera versée en numéraire au dénonciateur. Une somme qui ne sera pas soumise à l'impôt...

Les feuilles jaunes se perdent à la pelle

Raoul est installateur en informatique depuis cinq ans dans la même entreprise lorsque son employeur lui propose une mutation à Lyon. Il fait bien son travail et n'est pas du genre à compter ses heures, mais il vit à Montbéliard avec sa future épouse et il refuse donc poliment cette proposition. Son patron n'apprécie guère. Quelques jours plus tard, il signifie son licenciement à Raoul. Un licenciement économique. Raoul n'y croit pas : l'entreprise se porte bien. Le motif invoqué est faux. Lui qui n'a jamais été syndiqué va consulter un délégué de Force ouvrière et un spécialiste du droit du travail. Les deux hommes sont unanimes : il faut porter l'affaire devant les prud'hommes.

Pendant ce temps, Raoul prend son destin professionnel en main. Il passe des annonces, obtient des rendez-vous, s'inscrit aux Assedic. Il a 31 ans et a toujours travaillé, aussi entend-il bénéficier de l'assurance chômage. Le jeune informaticien s'inscrit dans un stage de reconversion. Mais l'ancien employeur de Raoul introduit un grain de sable dans la mécanique administrative : il n'envoie pas aux Assedic le certificat de travail requis et ne remplit pas la feuille jaune que tout employeur qui licencie doit remettre à son salarié. Du coup, les Assedic bloquent le dossier de Raoul. Du jour au lendemain, il est renvoyé du stage de reconversion qu'il effectuait. Raoul interroge l'administration : que faire ? On lui conseille d'attaquer son employeur. L'ancien informaticien n'a pas d'autre solution car il glisse doucement vers ce que l'on appelle pudiquement « l'exclusion ». Lui préfère dire la misère. Il n'a plus d'indemnités de chômage, plus de couverture sociale. Il perd son domicile, sa compagne le quitte, tous ses beaux projets partent en fumée. A la rue, sans ressources, il perd surtout la possibilité de retrouver un travail.

Après cinq mois d'attente, la justice rend enfin une décision : elle condamne l'employeur à fournir les pièces nécessaires, mais l'ancien patron de Raoul fait appel. En conséquence les Assedic suspendent le dossier jusqu'à la décision définitive... dans un an ou deux. C'est l'impasse.

En janvier 1995, Raoul, désespéré, entre dans le hall du bureau de l'ANPE de Montbéliard. Dans son sac à dos : six bonbonnes de gaz et du White Spirit. De quoi faire sauter l'agence. Il se rend à un guichet et demande aux personnes présentes d'évacuer les lieux. Il faudra plusieurs heures avant que la police ne lui fasse entendre raison. Face au désarroi de l'ancien informaticien, l'ANPE n'a pas porté plainte. Raoul n'est donc pas allé en prison. En revanche, il a été directement hospitalisé dans un hôpital psychiatrique.

Epilogue

Raoul est aujourd'hui SDF. « Pour un papier, ma vie a basculé. Pour moi, l'administration est une structure qui peut foutre votre vie en l'air simplement parce qu'il manque une feuille jaune, bleue ou verte ! A l'époque j'avais une maison, une voiture, j'allais me marier. On avait des projets, on voulait faire un enfant. Aujourd'hui, je n'ai plus rien, je ne pourrai pas reconstruire. »

Le cas de Raoul est loin d'être unique. Il est fréquent qu'un employeur refuse, ou ne soit pas en mesure de transmettre à l'ANPE ou aux Assedic les documents nécessaires à la prise en charge d'un chômeur. A cet égard, l'histoire de Christian est, elle aussi, édifiante. Maçon dans le sud de la France, il gagne le SMIG : 5 028 francs nets. Fin 1997, son patron, accusé de malversations, est condamné et emprisonné. De facto, les chantiers s'interrompent et le maçon se retrouve sans activité. Dans cette PME, seul le P-DG était habilité à embaucher, licencier et établir les paiements des salariés. Christian va donc voir les Assedic. Ceux-ci réclament la feuille jaune, remplie par l'employeur, qui prouve que la société de BTP qui employait Christian le licencie. En toute bonne foi, Christian répond qu'il est impossible d'obtenir ce document puisque la seule personne capable de l'établir est en prison pour plusieurs années. Pas de feuille jaune, pas d'indemnités de chômage ! Au bout d'un an, Christian, père de deux enfants, n'a toujours rien perçu.

Etre électrocuté coûte cher

Le 8 septembre 1992, près de Limoges, Dominique, le patron d'une crêperie, entreprend de planter près de sa maison une antenne en aluminium d'une dizaine de mètres de hauteur. Dominique, plus connu dans la région sous le pseudonyme de Cosmos 87, est cibiste. Une fois l'installation achevée, l'antenne longera le mur de la maison de deux étages et dépassera le faîte du toit d'un mètre ou deux. Christophe, 14 ans, aide son père dans cette manœuvre somme toute assez simple. L'antenne est fixée sur un mât, au sol, et s'appuie le long d'un escalier extérieur. Christophe, au pied de la maison, maintient le mât, alors que son père, juché sur un petit perron de ciment au deuxième étage, fixe l'ensemble.

Soudain, l'antenne glisse des mains de Dominique. Elle s'apprête à tomber, mais elle est retenue dans sa course... par une ligne EDF moyenne tension qui passe juste au-dessus de la maison. Dominique et Christophe reçoivent une décharge électrique de 20 000 volts ! Le père et le fils restent littéralement collés au mât. Impossible de lâcher prise. Au bout de quelques secondes et au terme d'un incroyable effort, Dominique parvient à décoller l'antenne des câbles EDF... Il s'effondre, paralysé des bras et des jambes. En bas, son enfant hurle de douleur. Son corps semble se consumer. Alors Dominique rampe et atteint un téléphone, situé dans une chambre du second étage de la maison. Il ne peut toujours pas utiliser ses membres, alors il tire l'appareil à lui en saisissant les fils entre ses dents. Avec son nez, il compose le 18. Les pompiers de Limoges comprennent tout de suite qu'il ne s'agit pas d'une plaisanterie. Ils envoient sur-le-champ les secours et un hélicoptère. Dans les minutes qui suivent, Dominique retrouve peu à peu l'usage de ses membres endoloris. Il parvient à soulever son fils inanimé du sol. Christophe continue de se consumer. Des lambeaux de chair se décollent de son corps. Sa cheville droite est carbonisée. Il ne réagit plus.

L'hélicoptère du Samu ne tarde pas. Derrière lui, les pompiers, les gendarmes, EDF investissent à leur tour la cour du petit restaurant, fermé ce jour-là.

Christophe est transporté immédiatement au CHU de Limoges. Il est brûlé au quatrième degré sur le côté droit. On lui fera des greffes de peau, de chair et d'os. Paralysé pendant plusieurs semaines, il sera reconnu invalide à 80 % et devra désormais effectuer son cursus scolaire dans un centre de handicapés...

Dominique, lui, veut comprendre : pourquoi une ligne d'EDF passe-t-elle aussi bas ? A ses yeux EDF a commis deux erreurs :

– Cette ligne moyenne tension ne devait pas surplomber la maison d'un particulier.

– Elle était trop basse, en deçà des normes de sécurité.

Epilogue

Au moment de l'électrocution, une forte décharge a « emprunté » le réseau 220 volts de la maison, faisant réaliser au compteur électrique de Dominique un bond de 10 000 kilowatts. La décharge fut si puissante qu'EDF dut procéder au changement de 30 mètres de câbles fondus. Quelques jours plus tard, EDF présente sa facture au restaurateur. Dominique est outré. Il fait valoir la responsabilité de l'entreprise publique, mais il ne parvient à négocier qu'une ristourne de 20 %... et un échelonnement des paiements. Au total, Dominique devra payer 6 175 francs à EDF, en plus de ses factures d'électricité. Soit 475 francs tous les mois pendant un an, le prix de l'électrocution de son fils !

II.

L'erreur est humaine

Le constat d'adultère

« Police, ouvrez ! » Le réveil posé sur la table de nuit d'Yvonne indique tout juste 6 heures. Dehors il fait encore nuit. On tambourine violemment à la porte du petit appartement. La retraitée est assise dans son lit, une violente douleur lui déchire la poitrine. Elle transpire et respire avec difficulté. Est-ce un cauchemar ? Elle ne comprend pas. A-t-elle bien entendu ? La police à cette heure matinale ? Elle porte sa main à sa poitrine. Yvonne vient de subir un triple pontage coronarien et on lui a interdit les émotions fortes. Elle se remet lentement de cette délicate opération.

Les coups redoublent. Il y a pourtant une sonnette ! Ils sont plusieurs derrière la porte à vociférer et à taper. Yvonne vit dans un quartier à problèmes, ce que les médias appellent une « banlieue à risques ». La semaine dernière une émeute s'est déclenchée après que la police eut arrêté un jeune dealer. Plusieurs voitures ont brûlé.

« Ouvrez ou nous faisons défoncer votre serrure ! » Yvonne n'en revient pas. Elle est atterrée. Elle se lève péniblement, enfile ses pantoufles et se dirige vers la porte d'entrée. Dehors, on parlemente. Les voisins, tirés de leur sommeil par le vacarme, sont sur le palier. Yvonne ouvre la porte. Un homme d'une cinquantaine d'années, vêtu de noir, s'engouffre. Deux autres hommes lui emboîtent le pas. Le premier a simplement dit : « Police, c'est pour un constat d'adultère. » Les trois hommes fouillent les lieux sans un mot. Ils commencent par la chambre où dormait la retraitée, tâtent le lit :

– C'est encore tiède, maître, lance l'homme en noir à un jeune homme en costume cravate.

– Bien entendu, je me lève à l'instant, proteste Yvonne.

– Où est-il ? interroge le commissaire de police, l'air menaçant.

Yvonne ne comprend pas. Sa fille lui a bien confié son petit-fils pour la semaine, mais Sébastien dort à poings fermés dans la chambre d'amis. Il n'a que quatre ans et il en faudrait plus pour le réveiller.

– Où est-il ? réitère l'homme en complet veston.

Instinctivement, la grand-mère se place entre les intrus et la porte de la chambre où dort Sébastien. L'homme en noir repousse Yvonne, la saisit fermement par les poignets, puis se tourne vers son acolyte, l'air entendu :

– Allez vérifier, maître, je la tiens.

Yvonne prend peur. Sa poitrine lui fait mal, son cœur bat la chamade, elle se sent défaillir.

– Laissez mon petit-fils ou j'appelle la police !

L'homme en complet rentre sans ménagement dans la chambre, allume la lumière, se dirige vers le petit lit et soulève les draps.

– Merde, c'est un gosse !

Ils fouillent les placards, inspectent les moindres recoins : la salle de bain, le placard à balais.

– Rien de rien.

L'homme en noir sort de sa poche une feuille de papier blanc froissée et s'adresse sèchement à Yvonne.

– C'est bien le troisième étage, gauche, ici ?

Yvonne s'est assise. Elle a de plus en plus de difficultés à tenir debout. Elle répond par un petit oui étouffé, à peine audible...

– Vous êtes bien Aline C., 22, cité des Bleuets ?

Yvonne n'entend plus. Elle s'allonge sur le canapé du salon. Il faut qu'elle se calme, que les palpitations cardiaques cessent. Sa tête tourne. Elle parvient à articuler :

– Non, ici c'est le 24...

Les trois inquisiteurs repartent en grommelant, sans même fermer la porte derrière eux. Ils laissent Yvonne quasiment sans connaissance, effondrée sur le canapé, au seuil d'un grave accident cardiaque. Heureusement, une voisine passe la tête par la porte et aperçoit Yvonne inanimée. Immédiatement, elle appelle le CHU. Yvonne sera hospitalisée deux semaines au service de cardiologie de l'hôpital. La voisine dévouée a pris Sébastien en charge.

De retour dans ses meubles, Yvonne, sur les conseils de la voisine, appelle le commissariat, convaincue d'avoir eu affaire à des malfaiteurs. Cette histoire de malfrats matinaux qui repartent sans butin étonne l'inspecteur qui répond au téléphone. Il demande à Yvonne de venir faire une déposition quand elle sera en mesure de marcher. Plus d'un mois plus tard, alors qu'elle reçoit encore des soins à domicile, Yvonne obtient la permission de sortir quelques heures. Toujours en compagnie de la voisine, elle se rend alors au commissariat de police et raconte les faits. Tout à coup, Yvonne s'interrompt. Au fond du commissariat, elle vient d'apercevoir l'homme en noir.

– C'est lui, s'écrie-t-elle en le désignant à l'inspecteur, qui éclate de rire.

– Mais il s'agit du commissaire !

L'inspecteur reconstitue les faits : le commissaire de police, accompagné d'un huissier de justice et d'un serrurier, s'était trompé d'adresse au moment d'établir... un constat d'adultère. Tout le commissariat éclate de rire.

– Oubliez cette affaire, conclut l'inspecteur.

De retour chez elle, Yvonne, en Bretonne opiniâtre, refuse que l'affaire en reste là. Elle se faisait une autre idée de la police. « Quand ils sont partis, ils ont bien vu que j'étais évanouie, maugrée-t-elle. Ils ont même laissé la porte ouverte. Cette attitude porte un nom : non-assistance à personne en danger. »

Disposant de revenus trop modestes pour entamer une procédure et s'offrir les services d'un avocat, Yvonne monte seule au combat. Elle réclame des excuses écrites de l'huissier et du commissaire.

Epilogue

En dépit de trois lettres recommandées, seul le silence lui répond.

Une petite négligence informatique

Fabienne a consacré sa vie aux autres. L'erreur, elle le sait, peut arriver à tout moment. Pourtant, la petite négligence informatique survenue le 24 octobre 1996 dans un bureau d'une caisse primaire d'assurance maladie a failli lui coûter la vie.

Il y a deux dates importantes pour elle : la naissance de son fils Sylvain et l'obtention, en 1982, de son diplôme d'éducatrice spécialisée. Fabienne, avec sa maîtrise de droit, aurait pu se diriger vers une carrière d'avocat, de magistrat, de conseiller juridique, mais elle a préféré vouer sa vie à ceux qu'elle nomme « les exclus de l'exclusion ». Elle s'occupe d'enfants handicapés mentaux dans un centre spécialisé de la région parisienne. C'est la passion de sa vie, un sacerdoce qui la mobilise jusqu'à quinze heures par jour. « Les enfants ne s'arrêtent pas de vivre à 18 heures, explique-t-elle. Quand l'un d'entre eux est malade ou qu'il a un problème, je restais souvent à son chevet, la soirée ou même la nuit entière. Je n'étais pas obligée. Mes collègues me disaient même : “Arrête de passer tes nuits au centre, tu vas y perdre la santé. " C'est ma vie. Nous, les " normaux ", on leur doit bien ça. »

Dans ces cas-là, Fabienne avait coutume de demander à sa mère, Colette, de s'occuper de Sylvain. Ce n'était pas très compliqué, Colette et Fabienne habitaient à trois pâtés de maisons l'une de l'autre. Sylvain... un gamin blond, fou de judo et de sa mère. Un gamin au regard intelligent, abandonné par son papa, et qui du haut de ses dix ans veillait déjà sur maman et mamie.

En décembre 1994, alors que depuis quelques semaines Fabienne ne se sent pas bien, elle effectue des examens à Villejuif : cancer des ovaires. Fabienne vient de fêter ses 38 ans. Elle est anéantie. D'autant qu'on découvre des métastases. Elle qui prend à peine le temps de manger, elle qui voue son existence aux autres, à « ses » gamins handicapés, à Sylvain qu'elle élève seule, sans ce père qui ne paiera jamais la pension alimentaire que les tribunaux l'ont condamné à verser, elle qui s'occupe de sa mère, elle dont la vie n'est qu'abnégation, découvre qu'un grain de sable vient de gripper la machine. Elle doit se faire opérer.

Ses collègues et le directeur du centre de réadaptation la soutiennent. « Dans deux mois, tu seras de retour », lui disent-ils. Avant d'opérer on a essayé la chimiothérapie durant quelques mois. En vain. L'opération est un demi-succès : on extrait la tumeur, mais les tissus avoisinants sont atteints. Fabienne est épuisée. Les traitements l'ont abattue. Les mois passent et elle n'a toujours pas repris son travail. Au centre on ne comprend pas. Un lundi matin, le directeur appelle Fabienne chez elle. Il semble gêné : « Vous nous manquez cruellement...

Votre poste est vacant. J'ai appelé la direction régionale : il n'y a qu'une solution. Ça me coûte beaucoup mais c'est la seule possibilité... » Fabienne comprend : elle est licenciée. C'est un nouveau coup dur. Elle vient d'apprendre, quelques jours plus tôt, qu'elle doit se faire réopérer. Alors elle ne dit rien. Elle obtempère.

La seconde opération est en demi-teinte, mais la vie accorde un nouveau sursis. Fabienne reste alitée. Les traitements l'assomment. Elle ne peut même plus signer les carnets de notes de Sylvain. Sa mère lui rend visite chaque jour, mais, à 77 ans, elle est épuisée. Elle souffre de vertiges et doit s'aliter.

Les médecins pensent qu'en opérant une troisième fois il y a une chance. Une petite chance à laquelle Fabienne se cramponne de toutes ses forces. Mais un nouveau coup dur survient.

La Sécurité sociale n'a pas versé, comme les mois précédents, les indemnités journalières, seul revenu dont dispose encore Fabienne et qui lui permet d'élever Sylvain. Elle téléphone. Stupeur, une voix anonyme lui explique qu'elle est rayée de la liste des assurés sociaux ! Elle ne comprend pas, proteste faiblement. Effondrée au fond de son lit, elle ne veut affoler ni sa mère ni son fils, que cette affaire perturbe et qui ramène à la maison, depuis quelques semaines, de mauvais bulletins de notes.

A qui se confier ? Deux années de maladie ont isolé Fabienne. Elle a, elle-même, fait le vide autour d'elle dès l'annonce de son cancer, préférant ne pas voir ses amis dans son état. Sa carte de Sécurité sociale expirée, elle ne peut plus aller chez le médecin, ni se fournir en médicaments, et surtout, elle ne peut plus compter sur cette fameuse troisième opération salvatrice.

Un pharmacien de son quartier accepte de lui délivrer des médicaments pour soulager sa douleur. Ils ne lui sont pas remboursés. Son propriétaire menace de l'expulser... elle qui avait toujours tout payé à temps, qui n'avait jamais pris un crédit, qui n'avait jamais connu le chômage. En désespoir de cause, Fabienne se rend à la caisse primaire d'assurance maladie, avec les quelques documents qu'elle a pu rassembler. Une jeune femme la reçoit. Ce jour-là, les ordinateurs sont en panne et elle ne peut consulter le dossier. Calmement Fabienne lui raconte son histoire. La jeune femme l'invite à se rendre aux Assedic : « Ils ont sûrement pris le relais si vous n'êtes plus chez nous. » Fabienne se rend aux Assedic : « Pour nous vous n'existez pas. Si vous êtes malade, c'est la Sécu... Allez les voir. » Les deux administrations se renvoient la balle.

Le temps passe. Fabienne n'a pas reçu un centime depuis cinq mois. L'hiver va finir. Et elle ne pourra plus éviter longtemps l'expulsion. Trop faible pour sortir de son lit, elle demande cette fois à sa mère de faire les courses, de payer elle-même les médicaments délivrés sans ordonnance par « le pharmacien d'en bas ». Colette prend la mesure de la situation. Elle est révoltée. Elle voit l'état de santé de sa fille s'aggraver de jour en jour. Et surtout elle ne supporte pas l'idée que Fabienne ne puisse pas subir l'opération qui peut la sauver. Elle décide de reprendre elle-même le dialogue avec la Sécu. Fabienne lui communique toutes les pièces de son dossier : quinze années de bulletins de salaire, l'ancienne carte d'assurée sociale, la lettre de licenciement, les feuilles de soins de l'hôpital.

Au guichet, Colette supplie : « Ma fille est très malade, si on ne l'opère pas tout de suite elle va mourir. Elle a cotisé toute sa vie, et aujourd'hui vous ne voulez pas l'aider. » Colette est tombée sur une femme sèche mais efficace. Elle fronce les sourcils et prie la vieille dame de reprendre l'histoire par le début. Patiemment, Colette explique la situation de sa fille. Ce jour-là, le ton change. Le dossier est simple. La conseillère de la Sécurité sociale et Colette tombent rapidement d'accord : il n'y a aucune raison que Fabienne soit rayée des listes. La jeune femme se gratte la tête, fouille dans le dossier central de l'ordinateur, remonte l'historique du dossier, puis elle se tourne vers la mère de Fabienne. « Attendez quelques minutes, ce ne sera pas long. »

L'espoir renaît.

Quand la conseillère de la caisse primaire revient, elle est un peu rouge. Elle s'assoit face à Colette et lui lance sur un ton désolé : « Madame, il y a eu une erreur de manipulation informatique chez nous. Le dossier de votre fille a été enterré par erreur. Nous lui devons cinq mois d'indemnités soit 78 634 francs. Je vais vous faire envoyer le chèque dans la semaine. »

Colette s'effondre : « Mais comment est-ce possible ? Ma fille attend depuis cinq mois seule, sans soins. Elle n'est peut-être plus opérable aujourd'hui. Elle va peut-être mourir à cause de vous !

– Nous allons vous faire un chèque de près de 80 000 francs. Vous devriez être contente. »

Epilogue

La CPAM a ouvert de nouveaux droits d'assurés sociaux à Fabienne et, du même coup, à son fils Sylvain. Fabienne a été opérée, mais, selon les autorités médicales, il s'en est fallu d'un cheveu.

Après son opération, Fabienne s'est rendue à la CPAM pour comprendre les raisons de cette erreur informatique, de ce cauchemar. Un responsable lui a répondu : « N'en parlez pas trop autour de vous, sinon la personne qui a fait la bêtise risque de perdre sa place. »

Le fichier de la Banque de France

La Banque de France possède un gigantesque fichier informatique, appelé le FIBEN, qui recense l'ensemble des entreprises françaises. De la multinationale à l'artisan, chaque entité est répertoriée. Les incidents de paiement ou les condamnations provenant des greffes des tribunaux sont mis en mémoire. Les experts de la Banque de France ne se bornent pas à recueillir des informations, ils mettent des notes, distribuent des cotations FIBEN aux entreprises et à leurs dirigeants. Afin de communiquer aux banques ces informations secrètes, la Banque de France a obtenu une autorisation spéciale de la CNIL (Commission nationale informatique et liberté). Les cotations sont établies à partir des grands événements de la vie de l'entreprise : rachat, vente, faillite, liquidation, incidents de paiements. Les organismes bancaires paient très cher leur abonnement à ce service. Hélas, les « experts » de la Banque de France vont parfois trop vite. Prenons un exemple : une personne physique est gérante de trois sociétés. L'une d'entre elles va mal, et dépose son bilan : dans ce cas le FIBEN donne une note négative au chef d'entreprise, note immédiatement communiquée aux organismes de crédit. En conséquence le chef d'entreprise ne peut plus obtenir de prêt bancaire. Y compris pour les deux autres sociétés, en excellente santé, qu'il dirige ! Sans le savoir, l'immense majorité des entreprises françaises figure dans ce fichier très secret, destiné à renseigner les banques. La Banque de France remplit ainsi une de ses missions de service public : la surveillance du crédit.

Cette mission de surveillance du crédit est-elle bien remplie ? On peut en effet s'interroger sur la fiabilité de ce FIBEN qui n'a pas empêché des banques publiques de prêter des milliards de francs à des entreprises vouées à la faillite.

Bien qu'il dirige une SARL, Jean-Claude se défend d'être un businessman. Ce barbu à la stature imposante est libraire. Dans son costume de velours bleu marine, il a passé près de vingt ans à musarder dans les rayonnages de ses librairies successives avec pour unique moteur son indéfectible passion des livres. Il avait naguère pignon sur rue à la Butte-aux-Cailles, ce vieux quartier pittoresque de Paris, puis aux Invalides.

Au début des années 90, après avoir frôlé la mort avec sa femme, une nuit, en se rendant en voiture dans leur maison de campagne du Cantal, il reconsidère sa vie. Il est des accidents terribles qui laissent des traces morales. Jean-Claude se met à rêver d'un commerce « à la campagne ». Il va ouvrir une librairie à Aurillac, créer un espace de lecture au centre de la ville, près de la mairie. Après les travaux d'aménagement, Jean-Claude obtient de son banquier un accord de principe oral pour emprunter 300 000 francs, la somme nécessaire à la constitution d'un stock de livres.

Lorsque Jean-Claude se rend à sa banque pour signer les papiers, son interlocuteur habituel au Crédit Agricole est gêné. Il tergiverse, gagne du temps, explique qu'il doit soumettre le dossier à sa direction. Au bout de quelques semaines, le banquier avoue ne pas pouvoir prêter la somme souhaitée. Ce refus est grave : sans argent, pas de livres ! Et une librairie sans livres... Jean-Claude est interloqué : pourquoi le Crédit Agricole fait-il marche arrière ? Il n'a jamais eu de problèmes bancaires... Ecœuré, le libraire se rend chez d'autres organismes de crédit. Même fin de non-recevoir : « On ne peut pas vous prêter les 300 000 francs nécessaires. »

Inutile de préciser que, dans ces conditions, la librairie ne réalise pas les bénéfices escomptés. Elle sombre progressivement. Pendant plusieurs mois, sans illusion, Jean-Claude explique la gravité de sa situation à différents banquiers de la région : à chaque fois il essuie un refus poli. Il retourne voir le Crédit Agricole, sa banque depuis si longtemps, afin d'implorer le prêt qui mettrait un terme à l'inexorable déconfiture. En vain.

Au printemps 1992, Jean-Claude rencontre, grâce à un ami commun, un banquier de la Caixa Banque, organisme espagnol implanté en France depuis quelques années. Ce dernier accepte de recevoir Jean-Claude à Paris. Pour la énième fois, le libraire expose son histoire. Le banquier consulte son ordinateur. Il s'attarde un peu et fronce les sourcils.

– Je ne peux rien faire pour vous et vous savez

pourquoi. Vous avez fait une faillite qui s'est mal passée.

Jean-Claude saute sur son fauteuil.

– Moi, une faillite ? C'est une plaisanterie ? Jamais de la vie !

Le banquier comprend que son interlocuteur est de bonne foi.

– Eh bien mon vieux, je crois savoir d'où viennent tous vos malheurs. Si ce que vous dites est vrai, vous avez été intégré par erreur dans le fichier FIBEN. Vous êtes interdit de crédit depuis le 1er janvier 1988, puisque la Banque de France considère que vous avez fait faillite en novembre 1987. Et la Banque de France vous a donné la cotation 5, la pire qui existe. En tout cas votre dossier confidentiel a de quoi glacer le banquier le plus courageux. Pas étonnant qu'aucune banque ne vous ait consenti la moindre ligne de crédit depuis des années !

Jean-Claude découvre l'existence du fichier FIBEN, mais ne comprend pas pourquoi on l'a affublé de cette note. Le banquier a une idée :

– Et le type qui a racheté votre librairie ?

Jean-Claude commence à imaginer un scénario. Et si la Banque de France lui attribuait, depuis quatre ans, une faillite dont il n'est pas l'auteur ? Et si on le confondait avec la personne qui a racheté, en 1984, sa librairie parisienne ? Il court au tribunal de commerce et ne tarde pas à découvrir que cette juridiction a rendu un jugement de liquidation pour son ancienne librairie, liquidation qui a été publiée au *Bodac* en décembre 1987. Le *Bodac* est un peu le *Journal officiel* des tribunaux de commerce : dans cette banque de données informatisée, toutes les décisions de justice concernant les entreprises sont notifiées. Et c'est précisément sur la base des informations délivrées par le *Bodac* que les « experts » de la Banque de France qui ont en charge la réactualisation des fichiers confidentiels du FIBEN puisent leurs informations. Seulement, la Banque de France a oublié de noter que, trois ans plus tôt, Jean-Claude avait cédé son entreprise. Il n'a donc rien à voir avec cette liquidation.

Le 14 avril au matin, Jean-Claude appelle le siège de la Banque de France, rue Croix-des-Petits-Champs à Paris. Le directeur du FIBEN refuse de lui donner rendez-vous. Le 15 avril, le libraire rentre à Aurillac et se rend, dès le 16, au comptoir local de la Banque de France. Il demande à exercer son droit d'accès aux données le concernant (la loi sur la transparence des documents administratifs l'y autorise). Jean-Claude exulte : la Banque de France a bien pris pour argent comptant l'annonce du *Bodac*. Jean-Claude brandit l'acte de vente de sa librairie à l'agent du FIBEN présent sur place : « Comment fait-on pour faire faillite en 1987 quand on a vendu son affaire en 1984 ? » L'employé de la Banque de France se gratte la tête puis confirme qu'il y a bien eu erreur. Cette fois, le directeur du FIBEN accepte de dialoguer au téléphone. Il reconnaît : « Je crois que nous avons fait une sacrée connerie. » Le 17 au matin, toutes les cotations concernant Jean-Claude sont remises à zéro.

L'affaire a duré cinquante-deux mois ! Cinquante-deux mois au cours desquels aucun banquier, tenu par le principe de confidentialité des informations transmises par le FIBEN, n'a indiqué les véritables raisons des refus de prêts. La librairie de Jean-Claude est à présent placée en redressement judiciaire : elle paie les conséquences de ces quatre années.

Jean-Claude est décidé à faire payer la bavure du FIBEN. « Mon préjudice était énorme, raconte-t-il, ma vie était foutue en l'air, tous mes projets de relancer mon activité dans le Cantal s'étaient cassé la figure à cause de l'incurie et de la légèreté de ces gens-là. Ma femme et moi nous retrouvions seuls, sans le sou, ruinés ! » Si la Banque de France reconnaît avoir commis une erreur, elle n'envisage pas pour autant d'indemnisation. Le libraire est pourtant de bonne composition : il ne sollicite qu'un prêt à taux réduit pour relancer son affaire. Refusé. Il demande alors à la Banque de France de lui cautionner un prêt. Nouveau refus.

Jean-Claude décide de saisir la justice. En septembre 1992 il assigne la Banque de France devant le tribunal administratif. Au bout de deux ans et cinq mois, cette juridiction se déclare incompétente. En avril 1995, nouvelle assignation, cette fois devant le tribunal de grande instance de Paris. En juillet 1996, quinze mois plus tard, le TGI se déclare, à son tour, incompétent.

Jean-Claude s'entête. Aucune juridiction ne serait donc compétente pour juger son affaire ! Le tribunal des conflits peut éclaircir ce mystère. Son rôle n'est pas de juger mais de désigner une juridiction compétente. A la fin de l'été 1996, Jean-Claude se rend devant ce tribunal très spécial composé pour moitié de magistrats et pour autre moitié de membres du Conseil d'Etat. En juillet 1997, soit un an plus tard, le tribunal des conflits statue : il déclare que la juridiction compétente est le tribunal administratif... Jean-Claude ne rêve pas !

C'est un pur et simple retour à la case départ. Cinq années perdues !

Pendant ce temps, le Crédit Agricole a mis Jean-Claude en redressement judiciaire. Le libraire est assigné devant le tribunal de commerce du cru. Un jugement est rendu au bénéfice de la caisse locale du Crédit Agricole. La paisible ville de province commence à regarder avec étonnement ces étranges péripéties. Les langues se dénouent. Quelques notables confessent au libraire parisien que, sur huit juges siégeant au tribunal de commerce, six sont administrateurs du Crédit Agricole ! Pire, un des juges est administrateur de la librairie concurrente à Aurillac.

Le libraire dépose une plainte contre X et contre personnes désignées : en l'occurrence les trois magistrats qui ont jugé son affaire. Ils comparaîtront pour « prise illégale d'intérêt et ingérence ».

Epilogue

Camus écrivait : « La justice ne va pas sans la révolte. » Les efforts et la patience de Jean-Claude n'ont pas été vains. Si l'administration refuse toujours de le dédommager, si la justice mettra encore de nombreuses années à se prononcer, si sa vie s'est trouvée brisée à cause de la bévue d'un fonctionnaire, on ne peut qu'être admiratif devant la détermination du libraire là où la plupart d'entre nous auraient cessé la lutte. Jean-Claude n'abandonne pas. Il vient même de créer une association consacrée aux victimes du FIBEN, afin que plus jamais ce service discret ne brise la vie d'un entrepreneur à son insu.

Condamné à perpétuité

25 août 1993, quartier de la gare sud, à Nantes. Il est 6 h 30. Comme chaque matin, Michel enfile sa musette à la hâte. A l'intérieur : un sandwich et une bière pour la pause déjeuner. Avant de partir, il fait un détour vers la chambre et embrasse Régine qui dort encore. Elle lui murmure : « Tu pars déjà ? » Il lui chuchote à l'oreille : « Il est l'heure, à ce soir ma chérie. » Il ouvre doucement la porte de son appartement, referme avec précaution. Comme chaque matin, Michel tâtonne pour trouver l'interrupteur de la minuterie. Quand la lumière éclaire la cage d'escalier, Michel fait un bond : des policiers partout, en armes. Cinq, six, sept ! Ils sont face à lui, revolvers braqués. Comme au cinéma. Michel lève les bras. Un peu plus bas dans les étages il aperçoit d'autres policiers. En quelques secondes Michel est immobilisé par trois agents. On lui menotte les mains dans le dos. Il ne comprend rien. Dans la rue, plusieurs cars de police stationnent. Un des policiers saisit un talkie et lance un victorieux « C'est bon, on l'a eu, on rentre ».

Un quart d'heure plus tard, Michel arrive place

du Palais-de-Justice. Nantes est encore endormie. On débarque sans ménagement le grand garçon blond, moustachu, qui écarquille les yeux. Accompagné par l'escouade de policiers, Michel pénètre dans le commissariat.

– Prévenez mon patron que je serai en retard, demande-t-il poliment. Je travaille dans le bâtiment et on ne rigole pas avec les horaires.

– Mais oui, mais oui.

Le commissaire, devant l'apparente naïveté de son « client », lui présente un mandat d'amener.

– Mon vieux, on vous recherche depuis plus de deux ans. Un tribunal vous a condamné par contumace à la prison à perpétuité.

Michel sort son portefeuille et brandit ses papiers sous le nez des policiers.

– Il doit y avoir erreur.

Le policier lui présente une carte de Sécurité sociale de 1990.

– Reconnaissez-vous ce document ?

– Oui, c'est une carte qui a dû m'appartenir.

– Donc cette identité est bien la vôtre ?

– Oui.

– Reconnaissez-vous avoir assassiné Guy Tessier, à Aubervilliers, le 19 février 1991 ?

Les policiers insistent, conseillent d'avouer le crime afin de simplifier la procédure, montrent des photographies d'un mort et de deux complices supposés de Michel, un homme et une femme.

– Tu les reconnais, c'est avec eux que tu as fait le coup...

– Je n'ai jamais mis les pieds à Aubervilliers de ma vie.

Michel explique qu'il est en mesure de prouver

qu'il était à Nantes, et non à Aubervilliers, ce 19 février. Il travaillait sur un chantier de la région pour une grosse entreprise de BTP. Il a été coffreur-bancheur intérimaire tout au long des années 1990 et 1991 et dispose à son domicile de tous les éléments capables de le prouver : fiches de paie, contrats de travail hebdomadaires, quittances de loyer, témoignages de collègues.

– Mais oui, c'est ça, vous êtes tous innocents. Depuis que je fais ce métier, je passe mes journées à coffrer des innocents.

Une heure plus tard, Michel est présenté à un magistrat qui délivre un mandat de dépôt. Une nouvelle fois, Michel supplie. En vain.

– Mais enfin, laissez-moi retourner chez moi. Faites-moi escorter par vos policiers. Vous verrez bien que je ne mens pas. J'ai toutes les preuves pour démontrer que vous faites erreur. Je vous en prie ! Il n'y en aura que pour quelques minutes ! Laissez-moi faire un aller-retour chez moi !

Le juge explique simplement à son interlocuteur qu'il a été jugé coupable du meurtre de Guy Tessier par le tribunal de Bobigny.

– Vous avez tué Tessier dans l'appartement abandonné que vous partagiez avec un couple de squatters à Aubervilliers. Vous avez vécu avec ce pauvre homme pendant un mois et, le jour où il est allé percevoir sa pension, vous l'avez assassiné froidement avec l'aide de vos complices. Nous les avons rapidement arrêtés. Vous aviez déjà décampé. Ils ne savaient pas grand-chose de vous sinon que vous étiez surnommé « Moustache ». Heureusement nous avons trouvé votre carte de Sécurité sociale sur les lieux.

Michel, atterré, caresse machinalement sa moustache blonde. Le magistrat est sûr de son fait.

Transféré au centre pénitentiaire de Fleury-Mérogis, Michel est menotté et embarqué dans un TGV par trois gendarmes. Il leur raconte son histoire. Peine perdue.

– A vous entendre, vous seriez tous victimes d'une machination judiciaire !

A peine arrivé à Fleury, Michel se voit délivrer une carte de circulation intérieure équipée d'un poinçon rouge : la marque des criminels. Cela fait à peine quatre jours qu'il a quitté le domicile familial. Il n'a même pas pu parler à son épouse. Que lui ont dit les policiers ? Et qu'ont-ils expliqué à ses employeurs, à ses parents ?

Au cours d'une promenade, un détenu explique à Michel comment obtenir l'aide judiciaire puisque ses émoluments de coffreur-bancheur ne lui permettent pas de s'offrir les services d'un avocat. Cinq semaines après son arrestation, il bénéficie enfin d'un défenseur. Dans l'intervalle il n'a pas perdu son temps. Régine lui a fait parvenir les photocopies des pièces susceptibles de l'innocenter : des fiches de salaire certes, mais aussi un certificat de son employeur qui stipule que Michel était bien présent sur un chantier de la région nantaise le fameux 19 février 1991, jour du crime.

Au parloir de Fleury-Mérogis, l'avocate, incrédule, écoute poliment son client et promet de regarder le dossier.

Dans sa cellule Michel gamberge. Il a compris qu'il n'est pas en prison par hasard. Sa carte de Sécurité sociale n'est pas arrivée seule sur les lieux du crime. Un scénario s'esquisse. Michel connaît le troisième homme, celui qui a voulu lui mettre le crime sur le dos. Durant l'été 1990, le jeune ouvrier vivait avec une jeune femme instable. Un soir, dans un bistrot du quai de La Fosse, le couple rencontre deux marginaux : un Basque de 35 ans et sa compagne. Ces zonards vivent en vendant des maquettes en allumettes. Après une soirée passée à refaire le monde, ils demandent à Michel s'il peut les héberger. Michel n'est pas d'accord, mais son amie intercède en leur faveur. Michel accepte et prête même des vêtements. Rapidement la situation devient intenable dans le petit appartement. Les deux paumés se battent. La fille s'en va mais le Basque reste. Michel est trop bon... ou trop naïf. Pendant qu'il travaille sur les chantiers, sa compagne devient celle du marginal. Un vendredi soir, il les surprend. Les deux hommes se battent. Le Basque a rapidement le dessus et tabasse littéralement son hôte, le blessant assez sérieusement au cuir chevelu, au visage et au bras droit. Michel passe la nuit au CHU de Nantes. Quand il revient le lendemain, il trouve son appartement saccagé. Sa compagne et le Basque sont partis ensemble. Au passage, ils lui ont volé quelques objets, des vêtements, et qui sait ? sa carte de Sécurité sociale.

Lorsque la jeune avocate revient à Fleury-Mérogis, elle semble déterminée à tirer Michel de cette incroyable méprise. Pour la première fois, ce dernier lui raconte l'épisode du Basque.

A Nantes, les parents de Michel sont effondrés et se détournent de ce fils criminel. Seules les lettres de Régine apportent un peu de réconfort à l'ouvrier breton. La jeune femme s'est trouvée contrainte de rendre l'appartement. Elle ne peut payer le loyer. Michel tempête. L'erreur des magistrats commence à lui coûter cher.

Quatre mois s'écoulent. Michel entame une grève de la faim. Au bout de quelques jours, un surveillant-chef accepte de le recevoir. Michel recommence son récit sans omettre le Basque. Le gradé est intrigué. Il n'a pas face à lui un de ces éternels râleurs, mais un homme qui présente des éléments concrets. Il se dit disposé à alerter le juge.

Effectivement, le jour même le juge informe Michel qu'il accepte de le recevoir dix jours plus tard. La grève de la faim est interrompue sur-le-champ.

A la fin du mois de janvier 1994, Michel se rend, sous bonne escorte, au tribunal de Bobigny. Dix jours plus tard, il est convoqué pour une seconde audience. Le juge a décidé de le confronter au couple reconnu coupable de complicité dans l'assassinat de Tessier. L'homme et sa compagne sont unanimes : Michel n'est pas « Moustache ». Ils précisent même : le vrai « Moustache » est brun, les yeux noirs, et il fabrique des objets et des figurines en allumettes. Quinze jours plus tard, Michel passe en commission d'assises. A la fin du mois de février, il est libéré, après six mois passés à Fleury-Mérogis. Sa liberté est toutefois assortie de trois conditions :

1. il ne doit pas rencontrer les protagonistes du crime ;
2. il doit disposer d'un hébergement ;
3. il est assujetti à un contrôle judiciaire et doit se présenter trois fois par semaine à la gendarmerie la plus proche de son lieu d'habitation.

Vive la liberté ! D'hébergement, Michel n'en a

point. Pour sortir, il a menti en prétendant que son frère allait lui offrir le gîte et le couvert pendant quelques mois afin qu'il se refasse une santé. Son frère refuse d'accueillir un assassin, même innocenté. Comme ses parents d'ailleurs. Reste Régine, fidèle dans l'épreuve et confiante dans l'avenir. Elle trouve une solution. Son père lui a prêté une caravane. Ils vont l'installer au camping municipal du Petit-Port, au nord de Nantes. Michel a juste de quoi payer une semaine d'emplacement. Pour le reste, il se rend au Comité de probation, une structure chargée d'aider les anciens détenus à se réinsérer. Michel obtient 100 francs en liquide et une dizaine de tickets-restaurant pour une cantine municipale. Maigre butin !

Michel revient à la charge. Cette fois le comité accepte de payer une seconde semaine de camping. Rien de plus. Michel vit au jour le jour. Les sociétés d'intérim refusent de le faire travailler : elles n'ont que faire d'un ouvrier qui doit quitter les chantiers les lundis, mercredis et vendredis pour aller pointer dans une gendarmerie. Michel et Régine deviennent RMIstes. Ils obtiennent heureusement un petit logement grâce au Fonds de solidarité logement.

L'ancien coffreur est libéré sous condition, mais pour la justice il demeure sous le coup d'une condamnation à la prison à perpétuité. « J'étais comme un condamné à mort en sursis, se souvient Michel. Je savais que tant que je n'étais pas blanchi, tout pouvait me tomber dessus. Je ne pouvais pas travailler, je ne pouvais pas aimer, ni vivre normalement. J'ai perdu tous mes amis. Pendant les deux années qui ont suivi ma libération, j'étais devenu un robot. Je fonctionnais mécaniquement. Moi qui étais d'un naturel enjoué, j'étais devenu paranoïaque. Quand je marchais dans la rue, j'avais peur qu'une voiture me renverse, je craignais qu'on me tire dessus, mais surtout je souffrais de vertiges... J'étais devenu fou. J'ai fait une tentative de suicide. Alors Régine m'a quitté. »

Un jour, un inspecteur demande à Michel de passer le voir.

– Tu as été victime d'une faute incroyable. Il faut que tu retrouves du travail. Arrête d'aller pointer trois fois par semaine. Tu ne pourras jamais travailler dans ces conditions. Je prends cela sur moi !

En deux jours, Michel est embauché par une société nantaise de BTP, sur un emploi similaire à celui qu'il avait perdu. Pendant ce temps, l'inspecteur compatissant s'attache à l'innocenter. Il décide d'entendre sa première compagne et lance un mandat de recherche contre le Basque. Personne n'avait encore pensé à le faire ! Le Basque est interpellé quelques jours plus tard en région parisienne. Son signalement correspond à celui qui a été donné par les deux complices présumés dans l'assassinat de Tessier. Plus rien ne peut s'opposer à la révision du procès. Courant 1995, la cour d'assises de Paris innocente Michel, et, fait rarissime, le condamné à perpétuité par contumace reçoit les excuses de la cour. A titre de dédommagement, il obtient 450 000 francs.

A l'issue de son procès, le Basque est innocenté... faute de preuves.

Epilogue

Le plus étrange dans cette affaire réside dans le fait que, de février 1991, date du meurtre, à août 1993, deux ans se sont écoulés avant que les policiers n'arrêtent Michel. Ils disposaient pourtant de sa carte de Sécurité sociale, de sa date de naissance et du nom de sa ville de résidence. Et Michel ne se cachait pas ! Il figurait dans l'annuaire téléphonique. Néanmoins, la police n'a pas été capable de retrouver le présumé meurtrier pour le faire comparaître à son procès. Or, s'il y avait été présent, Michel aurait pu établir son innocence, évitant ainsi le gâchis qui suivit.

Cette charmante hospitalité française

Ahmed a 41 ans. Cet architecte égyptien bénéficie d'une réputation internationale. Il connaît bien la France, parle français et, contrairement à ses concitoyens traditionnellement anglophones, il est francophile. Il possède d'ailleurs un appartement à Neuilly, où il se rend chaque mois. Ahmed fait partie des centaines de personnalités invitées dans le cadre des festivités de l'année de l'Egypte, en décembre 1998, organisée à Paris par le ministère de la Culture.

Le 16 octobre 1997, Ahmed est en France depuis deux jours. Il accompagne sa mère à l'hôpital américain de Neuilly. Pour l'occasion, il décide de séjourner avec son père dans un petit hôtel, propriété de l'ambassade d'Egypte. La mère d'Ahmed est très malade et ils passent leurs journées à son chevet. Au bout de trois jours, Ahmed décide de se rendre dans une laverie automatique de Puteaux pour nettoyer quelques vêtements. Il entre dans la boutique. Il est seul. Ahmed fouille ses poches afin de trouver les pièces de monnaie nécessaires pour faire fonctionner les machines, lorsque quatre hommes font irruption. Ils ferment la porte de la laverie derrière eux. Fils d'un grand médecin et issu d'une famille en vue au Caire, l'architecte pense tout de suite à un kidnapping.

L'un des nouveaux venus sort une carte et déclare :

– Police !

L'Egyptien les dévisage, dubitatif. « Quand j'ai vu entrer ces hommes dans la laverie, raconte-t-il, j'étais loin de me douter qu'il s'agissait de policiers. Ils étaient jeunes et, à leur look, je croyais avoir affaire à des punks, des voyous. Ils étaient crasseux et portaient des vestes de cuir élimées. J'ai vraiment cru à des bandits. J'ai eu peur et j'ai voulu sortir. Ils m'en ont empêché. La carte blanche sur laquelle était écrit " Police " et qu'ils m'ont présentée aurait pu être fabriquée par n'importe quel enfant de 5 ans. Alors ils ont pris mon passeport, et ils ont voulu me faire monter dans leur véhicule banalisé. Là, j'ai commencé à croire en un enlèvement. »

Ahmed se trompe. Les quatre hommes sont bien des policiers. Ils sont certains d'avoir mis la main sur un homme dangereux, un voleur algérien sévissant depuis plusieurs mois dans l'ouest de Paris. L'homme recherché a dérobé des cartes de crédit au mois d'août 1997. Selon le témoignage de deux de ces victimes – deux femmes âgées –, il a le type nord-africain : brun, musclé, et porte la barbe. Comme l'architecte. Et comme des milliers d'hommes en région parisienne !

L'incident aurait pu s'arrêter là. En effet, Ahmed présente ses papiers aux policiers. Ils sont en règle. Ahmed possède un visa d'homme d'affaires et, son passeport l'atteste, il ne pouvait être en France au moment des faits qu'on lui reproche. « Je croyais que ça allait les calmer, poursuit l'architecte, mais pas du tout. Ils m'ont accusé d'être un intégriste islamiste, muni d'un faux passeport. Ils n'arrêtaient pas de me poser des questions sur l'Algérie, moi qui n'ai jamais mis les pieds dans ce pays. Alors ils ont voulu que je monte dans leur voiture. Ils m'ont traîné par terre, m'ont menotté. Je leur ai répété que j'étais ressortissant égyptien, et que j'étais logé dans un hôtel de l'ambassade. Je leur ai donné l'adresse. Mais ils ne l'ont même pas notée. »

Sous la volée de coups de poing, Ahmed se débat. Un des policiers lui prend le pied et lui tord la jambe de toutes ses forces. Ça craque... Affaibli par la douleur, Ahmed est embarqué dans la voiture. Lorsqu'il arrive au commissariat, il ne peut avertir personne : ni son père, à l'hôpital au chevet de sa femme, ni un avocat, ni un médecin pourtant bien nécessaire. Sans plus de vérifications, sans faire cas de son souhait d'être dirigé vers un hôpital, on jette « l'Arabe qui pique des cartes bleues » dans une cellule.

Après deux heures de garde à vue, Ahmed est présenté à un inspecteur pour un nouvel interrogatoire. Cette fois, on l'assoit sur une chaise, en face d'un inspecteur. « A ce moment-là, je me suis dit que le cauchemar allait s'arrêter. J'ai toujours eu une confiance aveugle dans les institutions démocratiques de la France. Et naturellement, je pensais qu'une violence aussi injustifiée ne pouvait pas avoir lieu ici. L'inspecteur en face de moi était en chemise blanche et cravate. Rien à voir avec les policiers qui m'avaient arrêté. J'étais certain qu'il allait comprendre que je n'étais pas ce voleur. J'ai pensé qu'il me recevait pour me présenter ses excuses... Je me trompais ! Ils m'ont à nouveau questionné sur cette histoire de cartes bleues volées. Je leur ai répété, preuves à l'appui, que je n'étais pas là en août. Ils n'ont même pas regardé mon visa. Ils ont recommencé avec leur histoire d'intégriste musulman. »

A chaque fois que l'architecte tente d'expliquer qu'il y a erreur sur sa personne, l'inspecteur l'interrompt :

– Si tu ne coopères pas, nous saurons bien t'y forcer. Nous avons le témoignage des deux femmes. Tu es le voleur de cartes bleues.

Et encore :

– Tu es un islamiste algérien, nous savons comment vous vous procurez les passeports égyptiens.

Les quatre fonctionnaires de la brigade anticriminalité de Puteaux décident d'aller perquisitionner à l'hôtel d'Ahmed. L'architecte les met en garde :

– C'est inutile, vous ne pourrez même pas pénétrer dans l'enceinte de l'hôtel.

Les quatre policiers rient et partent poursuivre leur enquête.

Comme prévu, le concierge leur refuse l'entrée du bâtiment qui dépend du bureau militaire de l'ambassade d'Egypte. Cinglant revers pour les perspicaces Rouletabille ! Les policiers refusent d'expliquer au gardien la raison de leur venue. Ils repartent sans se poser de questions. Pendant ce temps, Ahmed se tord de douleur dans sa cellule. Il n'en peut plus de clamer son innocence. Tout le monde se moque de l'insupportable souffrance qu'il endure depuis son arrestation, tôt le matin. Ahmed souffre d'une double fracture de la jambe.

Au bout de treize heures de garde à vue, la police consent enfin à relâcher l'architecte. Treize heures sans boire, sans manger, sans obtenir l'autorisation d'appeler un avocat ou un parent. Dès sa sortie, Ahmed est transporté à l'hôpital Foch de Suresnes. Il est 21 heures. Le lendemain, Ahmed subit une opération sous anesthésie générale. On lui implante une plaque vissée dans la partie supérieure du tibia et il subit une autogreffe...

A son réveil, le ressortissant égyptien apprend que la police française reconnaît son erreur. Un inspecteur vient à l'hôpital expliquer à l'architecte qu'il ne saurait être le voleur puisque son visa atteste qu'il n'était pas sur le sol français en août ! Ahmed, qui avait présenté son passeport dès la première minute de son arrestation, dans la laverie automatique, croit s'étrangler.

Il se retrouve seul dans sa chambre d'hôpital. Le médecin qui vient de l'opérer lui signe une ITT (interruption du temps de travail) de six mois. Coup dur pour l'architecte : « Je fais un métier libéral. Je ne suis pas salarié, personne ne va me prendre en charge en Egypte. Et puis, j'avais des chantiers très importants à suivre. A cause de cette bavure, je vais devoir rester immobilisé six mois ! C'est révoltant. »

En décembre 1997, Amnesty International, scandalisé par cette affaire, n'entend pas la laisser tomber dans l'oubli. L'association internationale approfondit l'enquête afin de joindre ce cas à son épais dossier intitulé « Coups de feu, homicides et allégations de mauvais traitements de la part d'agents de la force publique en France ». L'incident est, en outre, suivi d'un échange de courriers entre Aly Maher El Sayed, ambassadeur d'Egypte, et Jean-Pierre Chevènement, ministre de l'Intérieur. Dans une lettre datée du 20 octobre, le diplomate demande au ministre une enquête officielle sur les faits subis par l'architecte égyptien, ainsi que la prise en charge de l'hospitalisation, des soins médicaux et, s'il y a lieu, d'une indemnité pour le préjudice moral et physique. Deux jours plus tard, Jean-Pierre Chevènement, lui-même marié à une femme d'origine égyptienne, répond qu'il a « ordonné une enquête administrative complète afin de faire la lumière » sur ces faits.

Epilogue

Les policiers interrogés répondent qu'ils ont... « respecté le code de procédure pénale de bout en bout ». L'un d'entre eux ajoute même que si Ahmed a été victime de violences policières, c'est parce qu'il a tenté de s'échapper du commissariat... ce qui semble tout de même assez difficile avec une double fracture du tibia.

Traumatisé par sa mésaventure, Ahmed se soigne au Caire. Quelques jours après son retour en Egypte, il a dû subir une seconde opération à cause d'une infection du tibia opéré. Il est bien entendu totalement immobilisé. A propos de sa participation aux festivités de l'année de l'Egypte, en 1998, Ahmed est réservé : « Tant que je n'aurai pas reçu d'excuses de la part du gouvernement français, je ne reviendrai pas en France. Je n'aurais jamais refusé un contrôle policier effectué dans les limites qu'autorise la loi, mais je refuse catégoriquement les agissements marginaux, empreints de violence, dont je ne peux croire qu'ils soient à l'image de la police française. »

Comment cette histoire se serait-elle terminée si Ahmed n'avait pas été un personnage riche et en vue ? La réponse de son avocat est saisissante : « Sans la puissance intimidante de l'autorité consulaire, Ahmed serait sans doute toujours en prison. Le témoignage des vieilles dames prétendant l'avoir reconnu aurait joué un rôle beaucoup plus déterminant. Son genou aurait sans doute été mal réparé... Lui s'en est tiré, mais ne vous faites aucune illusion, les prisons françaises sont pleines d'Ahmed pauvres dont tout le monde se contrefiche ! »

III.

L'ignorance peut être criminelle

La maladie qui n'existe pas

Adrien a 8 ans et demi, de grands yeux noisette toujours prêts à s'émerveiller, et il affiche une bonne humeur permanente. Il a deux passions : le football et les écureuils qu'il va guetter dans le parc, en face de chez lui, chaque dimanche matin. Malgré son jeune âge, il connaît l'histoire du football sur le bout des doigts. Il parle avec nostalgie de Ouedec, Pedros et Loko, tempête contre les dirigeants : « Les plus grands joueurs d'Europe viennent de Nantes : Karembeu, Desailly, Deschamps. Nous n'aurions jamais dû les vendre.

Un jour, alors qu'Adrien se rend avec sa classe à la piscine, le maître-nageur l'invite à garder son tee-shirt pour la leçon de natation. Adrien n'a que 8 ans et demi, mais il comprend qu'il n'est pas tout à fait un enfant comme les autres. Il est atteint d'une maladie rare, qu'on dit incurable. A sa naissance, ses parents, deux instituteurs, se sont rendu compte que leur fils souffrait d'une malformation congénitale : le nævus géant. En clair, sa peau est parsemée sur tout le corps de gigantesques grains de beauté. Ou plutôt de taches noires. La moitié du visage est atteinte. Une maladie terrible qui affecte une centaine de nouveau-nés chaque année en France. Autrefois, les mamans dont le bébé était atteint d'un tel mal cachaient leur enfant. Dans les campagnes reculées on prétendait encore il y a quelques années que les mères qui accouchaient d'un tel enfant avaient fauté avec un animal...

Les parents d'Adrien, atterrés, multiplient les rendez-vous avec les spécialistes, au CHU local. Le corps d'Adrien est parsemé d'énormes grains de beauté disséminés par groupes de taches ou par plaques noires. Les médecins sont interdits. Une solution chirurgicale leur paraît impossible. Ils proposent l'ablation d'un nævus situé au milieu du front. Le plus visible. Pour le reste il n'y a rien à faire. Le temps passe. Adrien grandit, on l'opère au front, avec les moyens du bord. Une petite cicatrice remplace désormais la tache noire.

Quelques années plus tard, le père d'Adrien découvre, au hasard d'une lecture, que l'hôpital Necker à Paris est spécialisé dans le traitement du nævus géant. Il n'en croit pas ses yeux ! Il relit cinq fois le petit article qui, dans les pages médicales de *Ouest-France*, raconte comment le professeur Chrétien a sauvé au terme d'une quinzaine d'opérations une petite Rennaise ! Sauver ? L'article est très clair : un nævus dégénère toujours en mélanome malin, en cancer de la peau ! Personne ne l'avait averti. Qu'importe, les parents prennent rendez-vous à Necker. Le professeur Chrétien examine l'enfant et ne peut cacher son désarroi : « Vous me l'auriez amené quelques mois après la naissance, il n'aurait plus rien. Comment se fait-il qu'on ne vous ait rien dit ? C'est quand il était bébé qu'il aurait fallu intervenir. Les bébés ont un surplus de peau considérable. On aurait pu procéder à toutes les ablations nécessaires. Maintenant, il est un peu tard, mais je peux le sauver. Il faut faire vite. »

Une série de six opérations est programmée dans l'année afin d'enlever les principales taches. Dès la semaine suivante, le professeur Chrétien place des ballonnets sous la peau d'Adrien, pour étirer, au torse et dans le dos, la peau valide afin qu'elle remplace, après ablation, la peau tachée. Pendant trois semaines, l'enfant attend l'opération chez lui. Les ballonnets implantés sous son derme le font souffrir, mais Adrien est tellement heureux de la perspective de sa guérison qu'il endure la souffrance courageusement.

L'opération est prévue pour un jeudi. Il est convenu qu'Adrien montera à Paris en ambulance le mardi après-midi. L'ambulancier est contacté. Tout est organisé. Le lundi après-midi, vers 15 heures, la mère d'Adrien reçoit un coup de téléphone de la Sécurité sociale.

– Nous vous prévenons : n'allez pas à Paris. Nous refusons de prendre en charge l'opération. Il s'agit de soins esthétiques, non remboursés par la Sécurité sociale.

– Mais c'est une maladie terrible. Et puis, vous avez pris en charge la première partie de l'opération, la pose des ballonnets sous la peau de mon fils !

La décision a été prise par le médecin-conseil régional de la caisse régionale d'assurance maladie. L'employée de la Sécurité sociale insiste : « Pour nous, le nævus géant n'est pas une maladie. Et si vraiment votre fils doit subir l'ablation d'une tache, il doit aller à l'hôpital local. »

La mère d'Adrien s'effondre en pleurs. Elle connaît le prix d'une journée d'hospitalisation dans un service comme celui du professeur Chrétien et sait qu'elle ne pourra jamais financer seule l'opération de son fils. Elle sait aussi que le CHU local ignore comment opérer Adrien.

Cette décision administrative s'inscrit dans une politique de réduction des dépenses, mais peut-on combler le trou de la Sécurité sociale ainsi ? Imposer à un malade un hôpital à proximité de son domicile est louable, mais lorsque cet hôpital ne dispose pas des moyens et des compétences nécessaires pour soigner le patient, que fait-on ? La Sécurité sociale a répondu : on arrête les soins !

Le professeur Chrétien attend l'enfant à la date convenue. Du matériel a été acheté. L'opération s'avère délicate, mais c'est l'ultime recours pour éviter à Adrien le mélanome malin. Quand il apprend la situation, le professeur s'empresse d'appeler la Sécurité sociale. Il connaît la chanson et sait que cette maladie n'existe pas dans son répertoire. Les remboursements et les traitements sont laissés à l'appréciation des médecins-conseils. Il insiste, argumente... Rien n'y fait. La réponse de la Sécurité sociale est simple : « Le nævus géant n'est pas répertorié dans nos grilles. On ne peut pas changer le règlement. » L'ambulancier qui devait convoyer Adrien jusqu'à Necker s'émeut de la situation et accepte d'assurer le trajet gratuitement. Inutile, les parents ne peuvent payer le montant exorbitant des journées d'hospitalisation. De guerre lasse, ils abandonnent et font retirer à Adrien les petits ballonnets que l'on avait placés sous son épiderme en prévision de l'opération.

Epilogue

C'est un jeune Espagnol qui sera opéré à Necker à la place d'Adrien. Car la Sécurité sociale espagnole reconnaît l'existence de cette maladie ! Elle rembourse les frais d'hospitalisation et de trajet jusqu'à Paris. L'Espagne n'est pas seule dans ce cas : tous les pays occidentaux modernes considèrent le nævus géant comme une malformation génétique non héréditaire grave.

Adrien a aujourd'hui 12 ans. Il est toujours supporter assidu de football et, pour se remettre des mauvais résultats sportifs de son équipe fétiche, il continue d'observer, des heures durant, les écureuils du parc. Il espère qu'un jour la loi changera et que les victimes de cette maladie seront enfin prises en charge par la Sécurité sociale.

Un arrêt cardiaque « participe »-t-il à un décès ?

Cette nuit-là, Sabrina a du mal à trouver le sommeil. Elle se tourne et se retourne dans son lit pour essayer de trouver la position idéale. La ravissante adolescente de 13 ans éprouve d'énormes difficultés à respirer. Est-ce la conséquence du cross d'hier ? Elle est fiévreuse, malade. Plus l'heure avance, plus sa poitrine lui fait mal. Inquiète, elle alerte ses parents vers 3 heures du matin. Son état empire. Sa mère n'hésite pas à appeler le médecin de famille. Nous sommes en Vendée, en 1993. Le médecin arrive en quelques minutes. Il juge grave l'état de la petite patiente et injecte un corticoïde pour diminuer la souffrance. Puis il conseille aux parents de faire hospitaliser tout de suite leur fille. A 5 h 50, Sabrina est admise à l'hôpital. Les parents et le médecin de famille accompagnent Sabrina au service des urgences. Une fois l'adolescente prise en charge, le père reste seul à l'hôpital pour attendre des nouvelles.

Aux urgences, ce matin-là, on n'ausculte pas la jeune fille. On l'envoie directement au service de pédiatrie où elle est prise en main par une infirmière puéricultrice. Le père obtient l'autorisation de rester à côté de sa fille dans la salle de réanimation. L'attente lui paraît interminable. Au bout de trois quarts d'heure, une jeune interne ausculte enfin Sabrina et diagnostique une crise d'asthme. Le père s'étonne car personne dans la famille n'a été sujet à cette maladie, mais la jeune femme est inexpérimentée et avoue qu'elle débute sa première année d'internat. Elle va donc, comme il se doit, alerter la pédiatre. Celle-ci, bien que présente à l'hôpital, refuse de se déplacer.

Sabrina est de plus en plus mal. Elle ne pleure plus, elle ne crie plus, mais est secouée de violentes convulsions. Arrivée aux urgences à 5 h 50 du matin, elle n'a toujours pas été vue par le médecin. Une puéricultrice qui passe dans les couloirs s'émeut de la situation. Quand elle apprend que le médecin pédiatre prend son petit déjeuner, elle s'empresse d'aller la chercher. Nouveau refus. A 8 h 15 enfin, deux heures et demie après l'admission de l'adolescente à l'hôpital, la pédiatre arrive. Elle procède à une série d'examens puis se range à l'avis de la jeune interne : crise d'asthme.

Sabrina a les yeux révulsés, elle est dans un état d'agitation intense. Son taux d'oxygène est de 66 %, son cœur bat à 170 pulsations par minute. A 10 heures du matin, une radio des poumons est effectuée. Le médecin s'entête dans son diagnostic : crise d'asthme. Elle se tourne vers le père :

– C'est très spectaculaire, mais ne vous inquiétez pas. Ce n'est pas grave.

La puéricultrice en chef de l'hôpital ne comprend pas. Elle ose même lancer :

– Je voudrais bien partager votre optimisme. Mais si ça continue, ça va mal finir.

L'état de Sabrina ne cesse de se détériorer. Elle vomit du sang. La pédiatre prescrit un massage cardiaque avec « main vibrante ». Puis elle regagne son bureau. Un kinésithérapeute arrive, muni de son appareil qu'il applique sur le corps de la jeune fille. L'opération dure un quart d'heure. Cette fois, Sabrina est presque inconsciente. Personne, sauf le père, ne semble s'inquiéter. Le kiné quitte la salle à son tour. Une fois de plus, le père se retrouve seul avec sa fille qui vomit des quantités de plus en plus alarmantes de sang.

A 11 h 40, le monitoring – système de surveillance électronique auquel Sabrina est reliée – se met en alerte. Le cœur vient de s'arrêter ! La sonnerie retentit mais personne ne vient. Le père court dans le couloir, crie, cherche la pédiatre. Personne.

Une puéricultrice accourt enfin. Elle non plus n'a pas trouvé de médecin dans les couloirs de l'hôpital. Sabrina est inerte. Le père possède quelques notions de secourisme. Il met sa fille à l'horizontale, interpelle la puéricultrice et lui demande de trouver un plan rigide à glisser sous le corps de sa fille. Il n'y en a pas dans la salle de réanimation. Tant pis, le père commence un massage cardiaque, mais le cœur ne repart pas. Il se précipite dans le couloir et aperçoit enfin la pédiatre. Ensemble ils reviennent en salle de réanimation. Cette fois la pédiatre change d'attitude. La panique succède à l'optimisme. La puéricultrice en chef accourt, suivie d'autres infirmières. Elles ne sont pas médecins, mais prennent la situation en main alors que la pédiatre donne d'incompréhensibles directives :

– Maintenant ça suffit. Vous vous calmez et vous nous donnez des ordres simples et clairs. On va suivre le protocole, lance la puéricultrice à sa patronne médusée.

La pédiatre reste momifiée quelques secondes puis, d'une voix blanche, dit :

– Il faut réanimer la patiente.

Depuis la salle de réanimation du service de pédiatrie, on appelle un réanimateur. La ligne est occupée. On attend trois minutes. La ligne intérieure libérée, un médecin arrive. Il ventile Sabrina... Une minute, puis deux... Le cœur repart. Tout le monde souffle. La « crise d'asthme » ressemble à quelque chose de plus grave.

Le père ne veut plus que sa fille reste dans cet hôpital qu'il juge dangereux. Il demande au médecin réanimateur de faire transférer Sabrina dans une unité de soins plus importante. Bordeaux n'est pas très loin. Le médecin semble offusqué :

– Mais nous sommes capables de prendre votre fille en charge.

Le père insiste. En hélicoptère il n'y en a que pour quelques minutes. Nouveau refus.

Dans l'après-midi, on injecte du Penthotal et de la morphine à Sabrina « pour éviter d'abîmer son cerveau ». Explication fantaisiste. Sabrina ne sort pas de son coma, ni samedi ni dimanche.

Lundi matin, l'hôpital change d'avis. Sabrina va être transférée dans la matinée à Bordeaux. Les parents foncent sur place en voiture pour accueillir leur fille à son arrivée. Elle est toujours dans un coma profond. L'auscultation dure vingt minutes.

Sabrina est en coma dépassé. Lorsqu'elle est arrivée à Bordeaux, elle était déjà morte.

Une action en justice est engagée par la famille pour faire la lumière. Un premier collège d'experts fait apparaître une erreur de diagnostic : Sabrina ne souffrait pas d'asthme mais d'une infection très grave, une « laringopneumonie à hémophilus ». Un second collège d'experts accable le service de pédiatrie : « Le médecin a commis une imprudence et même une faute en n'intubant pas la jeune patiente ou en ne procédant pas à une trachéotomie. (...) Si la jeune patiente avait été ventilée dès le début de la matinée elle n'aurait pas fait d'accident cardiaque. (...) Il est incroyable que le père de la jeune patiente ait été obligé de procéder lui-même au massage cardiaque de sa fille. (...) Le service pédiatrique de l'hôpital de Rochefort a montré un dysfonctionnement grave. » En dépit de ces attendus, les deux collèges d'experts concluent que « rien ne permet de démontrer que l'arrêt cardiaque dont a été victime la jeune patiente a participé à son décès dès lors qu'elle avait retrouvé ses fonctions vitales en quittant le service de pédiatrie ». En conséquence la justice prononce un non-lieu !

Outré, le père de Sabrina se rend au bureau départemental de l'ordre des médecins. Il demande la suspension de la pédiatre. La réponse est laconique : « Il n'existe pas de structure médicale capable de rencontrer les parents et d'analyser les erreurs commises, il faut s'en remettre à la justice. »

Une manifestation est alors organisée devant la

préfecture avant d'obtenir une sanction. Après des semaines de combat, la famille obtient que la pédiatre soit suspendue... quatre-vingt-dix jours.

Epilogue

Chaque année, plus de deux cents personnes meurent d'accidents anesthésiques. Plus de la moitié de ces morts pourraient être évitées si les hôpitaux étaient équipés de salles de réveil. Depuis 1994, la salle de réveil est une obligation légale. Fin 1997, quatorze CHU sur vingt-neuf n'en possédaient pas. Nombre de petites unités de soins privées et publiques en sont toujours dépourvues. Cette mauvaise répartition des équipements a des conséquences graves. Prenons l'exemple des maternités.

La France, par exemple, est l'un des pays d'Europe où la mortalité de la mère et du nouveau-né est la plus élevée. Seulement 15 % des enfants prématurés naissent dans un hôpital équipé d'une salle de réanimation. Ce chiffre est de 80 % dans la plupart des autres pays d'Europe. Pourquoi ? A cause de notre tissu hospitalier pléthorique. Il est impossible d'entretenir autant d'unités de soins en les rendant performantes. Les élus défendent des équipements inadaptés, au nom du maintien de l'emploi dit-on. Mais certaines maternités enregistrent une naissance tous les trois jours seulement ! Les médecins s'y « rouillent », perdent la main, seule la pratique régulière permet d'acquérir l'expérience. Plus un chirurgien opère, meilleur il est. On considère dans le domaine de la cardiologie qu'un médecin perd des réflexes importants quand il n'a pas pratiqué pendant six semaines.

En Suède, il n'existe que dix-huit maternités. Il s'agit d'importantes unités, équipées en matériel et dotées de personnels compétents et expérimentés. Il n'existe pas de maternité de campagne ne possédant pas, par exemple, de salle de réanimation. Résultat : la Suède est le pays du monde où la mortalité de la mère et du nouveau-né est la plus faible. Une région administrative en France possède environ trente ou quarante maternités ! Que savons-nous de leur équipement ! Est-il performant ? Disposent-elles de salles de réanimation pour les nouveau-nés ? Combien d'accouchements s'y pratique-t-il chaque année ? Y a-t-il un médecin pédiatre en permanence ? N'y a-t-il qu'un médecin de garde ? d'astreinte ? Il est temps d'en finir avec cette opacité.

Trois parents, deux pays et une chancellerie

Nathalie est secrétaire dans une société d'intérim à Besançon. Elle est jolie, féminine mais d'une timidité rare. Comment a-t-elle pu séduire Denis, brillant ingénieur en informatique ? Les manières de ce bourgeois élégant, un tantinet macho, s'assortissent curieusement avec la retenue et la réserve presque maladive de Nathalie. D'ailleurs, les parents de Denis font le forcing pour que leur fils mette un terme à sa liaison. Ils reprochent à Nathalie de venir d'un milieu modeste, de manquer de culture et, surtout, d'être divorcée et mère d'un garçonnet de 4 ans, Vincent.

Après quelques mois de vie commune, les amants se séparent à l'initiative de Denis. Nathalie va s'installer dans un petit studio à la périphérie de la ville. Après des mois passés à ressasser cet échec, elle décide de sortir de sa retraite. Elle rencontre Alain, un gardien de la paix. C'est un garçon simple, honnête, doux et vraiment amoureux de Nathalie. Une nouvelle histoire d'amour commence et Alain et Nathalie projettent de s'installer ensemble.

Comme chaque soir, Nathalie va chercher Vincent à la sortie de l'école. Quelques jours avant Noël, un vendredi soir, alors qu'elle attend installée au volant de sa voiture, on tape à la vitre. C'est Denis. Il joue la scène du grand retour, l'histoire du garçon qui s'est émancipé de ses parents et qui est capable désormais de prendre de grandes décisions.

– Je t'aime, lâche-t-il, maintenant c'est une certitude.

Nathalie ne se laisse pas faire, évoque l'existence d'Alain. Denis est au courant et ses arguments sont prêts :

– Ton fils a besoin d'un homme pour l'élever. J'ai des moyens, une maison, une situation. Nous serons heureux. Et puis Vincent me connaît, tu vas le perturber si tu lui présentes un autre homme. Alors que moi, je suis un peu le père qu'il n'a pas eu.

Déchirée entre les deux hommes, Nathalie cède et retourne vivre avec Denis, au grand dam des parents de ce dernier.

Après deux mois d'un bonheur approximatif, Nathalie s'interroge encore sur son choix. Un événement ajoute à sa perplexité : elle est enceinte. De qui ? Denis ? Alain ?

Lorsque Denis apprend la nouvelle, il propose à Nathalie de l'épouser. Rapidement, le couple se marie civilement. Alain, lui, vient de recevoir sa nomination dans un commissariat lyonnais. Il ne sait pas que Nathalie est enceinte et s'apprête à partir.

Les mois s'écoulent et un petit Mickaël naît. C'est le portrait d'Alain. Même Denis se rend à l'évidence. Cet événement achève de convaincre Nathalie. Malgré ses tergiversations des derniers mois, elle n'a rien à faire avec Denis. Pour clarifier la situation, elle provoque une enquête en reconnaissance de paternité. De bonne composition, les deux hommes acceptent de se plier au test. Le résultat confirme l'évidence : Mickaël est le fils de Nathalie et d'Alain. Plus rien ne pourra désormais les empêcher de se retrouver... surtout pas Denis.

Denis joue le bon perdant :

– L'enfant n'est pas de moi, il est logique que tu ailles l'élever avec son père.

Pendant que le couple organise son déménagement à Lyon, Denis se propose de garder Vincent et Mickaël quelques jours.

Nathalie à peine partie, Denis se rend à la gare de Besançon avec les deux enfants. Il tient Vincent par la main et porte le petit Mickaël dans ses bras. Vincent n'a que 5 ans et, comme tous les gamins de cet âge, il adore les jeux et les paris insensés.

– Regarde, lui dit Denis, toi, tu vas monter dans le train pour Paris, voilà ton billet, et moi je vais aller à Paris en voiture avec Mickaël, on fait la course et on va voir qui de toi ou de nous arrive le premier, d'accord ?

L'idée de cette course enthousiasme Vincent qui ne se fait pas prier pour monter seul dans le rapide de Paris. Le petit Vincent attendra longtemps, seul, en pleurs, sur le quai de la gare de Lyon car Denis et Mickaël ne réapparaîtront jamais. Ni à la gare, comme convenu, ni à Paris, ni ailleurs en France.

– Il a enlevé notre fils ! Il l'a emmené au Canada, à Vancouver !

Nathalie s'effondre. Elle connaît son ancien

mari. Elle sait quelle passion il voue à cette ville et à ce pays. Il a effectué son service militaire au Canada. Denis parlait tout le temps d'aller s'installer à Vancouver. « C'est trop petit ici, disait-il, j'ai besoin de grands espaces. »

– Il est là-bas, j'en suis sûre ! crie Nathalie au fonctionnaire du service d'entraide judiciaire de la chancellerie.

Alain n'y croit pas :

– J'ai reconnu l'enfant, c'est mon fils, il porte mon nom, comment a-t-on pu laisser un homme l'enlever ? Comment a-t-il pu quitter le territoire français avec mon enfant de quelques mois dans les bras, sans papiers ?

A la chancellerie, on reste calme. Rien ne prouve que Denis soit parti à l'étranger. Le temps passe. Une semaine, un mois, un an. Deux ans, trois ans, quatre ans. Le cauchemar des parents ne trouve aucun écho, ni dans la presse qui se désintéresse de ce sujet, ni au ministère de la Justice où on ne fait absolument rien. Et pourtant Denis a enlevé un enfant qui n'est pas le sien. Il le séquestre depuis des années. En droit français, il s'agit d'un crime passible de la réclusion criminelle à perpétuité.

Au bout de six années, un fonctionnaire de la chancellerie, agacé par les appels incessants du couple, décide d'envoyer quelques lettres aux autorités canadiennes afin d'obtenir d'éventuels renseignements sur un petit Mickaël qui serait scolarisé à Vancouver. Les autorités canadiennes renvoient un avis négatif.

Huit ans après l'enlèvement de son fils, Alain obtient une mutation dans un quartier difficile de Marseille. C'est là qu'il fait la connaissance d'une avocate que cette affaire laisse assommée. Jehanne n'en croit pas ses oreilles. Elle décide de remuer les institutions, envoie des courriers à l'Elysée, menace la chancellerie. On réouvre le dossier Mickaël. En quelques mois, les autorités françaises le retrouvent. Nous sommes en 1995 et l'enfant a 12 ans. Alain explose de joie, Nathalie de colère. Les autorités, penaudes, confessent que Mickaël est scolarisé sous son vrai nom, depuis la maternelle, dans la ville canadienne. Qu'importe, il est temps d'agir. Tout le monde prépare le voyage au Canada.

La justice canadienne ne l'entend pas de cette oreille. Elle refuse de communiquer à la justice française les coordonnées de Mickaël et de l'homme qui le séquestre. Elle refuse d'expulser Denis. Elle s'oppose formellement à la restitution de l'enfant à ses parents. Motif ? L'administration française a trop tardé, il aurait fallu lancer la procédure dans les deux ou trois premières années après l'enlèvement.

Epilogue

Mickaël a 15 ans. Il vit à Vancouver. Son père a changé de métier, il est interprète free lance. Mickaël croit que Denis est son père et pense que sa mère « l'a abandonné ».

Nathalie et Alain vivent à Marseille avec Vincent et Marie, une petite fille qui vient de naître.

Pour « préserver » Mickaël, les autorités canadiennes ont interdit à ses parents tout séjour sur leur sol.

Chaque matin, Nathalie se demande pourquoi un ministère qui prétend rendre la justice a mis douze ans pour entreprendre des recherches afin de retrouver son enfant. Chaque matin aussi, elle essaie d'imaginer le visage de ce gamin, devenu adolescent, qui grandit là-bas, de l'autre côté de l'Atlantique, et qui ignore tout de son père et de sa mère.

Le psychotrope tueur

Au début des années 90, aux Etats-Unis, Mme Grundberg est acquittée du meurtre de sa mère. Elle l'avait pourtant, en apparence, assassinée de sang-froid. Pour la première fois, la justice américaine reconnaît la responsabilité de l'Halcion 050, un puissant sédatif répandu dans le monde entier. Mme Grundberg est donc acquittée et le laboratoire Upjohn, fabriquant le produit, est condamné à lui verser 21 millions de dollars de dédommagement. Ce produit, déjà retiré du marché en 1987, est un psychotrope criminogène, capable de pousser ceux qui le consomment aux actes les plus fous et les plus violents. La même année, plus de trois cents personnes qui consommaient de l'Halcion 050 ont été indemnisées par le laboratoire. La justice américaine, étonnée par cette criminalité, a démontré l'effet dévastateur de ce psychotrope sur les personnes fragiles et dépressives. Le laboratoire qui a dû rendre des comptes. Le monde entier a compris que les coupables n'étaient pas les auteurs des délits mais les chimistes qui avaient conçu le médicament. Le monde entier... sauf la France.

Officiellement, le triazolam, commercialisé sous le nom d'Halcion, est une molécule hypnotique à action rapide. Selon le dictionnaire Vidal des médicaments, « il améliore les différents paramètres du sommeil : temps d'endormissement, nombre de réveils nocturnes, durée totale du sommeil ».

Au second étage du foyer Sonacotra de Troyes, dans une chambre aux murs décrépits où tiennent tout juste un lit, un réfrigérateur, un lavabo et une petite table de bois, François-Régis se morfond : « Je ne suis pas un assassin. Je ne me sentirai libre que lorsqu'on m'aura donné raison. » Après onze années passées en prison, cet ancien sous-brigadier de police a tout perdu : son honneur, ses biens, sa famille, son fils, et surtout l'amour de sa vie. Il a assassiné sa femme le 15 février 1984 de quatre balles de pistolet 7,65. Ce jour-là ils regardaient la télévision « comme d'habitude » dans leur pavillon. Puis plus rien. Le trou noir. Lorsqu'il réalise qu'il vient de tirer à quatre reprises sur son épouse, un quart d'heure après les faits, François-Régis se rend au commissariat en compagnie de son fils, alors âgé de 7 ans. Deux jours plus tard, il est incarcéré. Et le 6 mars de l'année suivante, les jurés de la cour d'assises le condamnent à dix-sept ans de prison ferme pour homicide volontaire. Son pourvoi en cassation est rejeté.

Dans sa tenue hétéroclite – une veste de survêtement et une chemise à carreaux donnée par un compagnon de chambrée, une cravate qui date du jour du procès, un pantalon provenant du Secours catholique et une paire de tennis fatiguée –, François-Régis ne comprend toujours pas. Il est assommé par ses années de détention dans cinq établissements pénitentiaires successifs. Les milliers de lettres qu'il a écrites, les plaintes qu'il a déposées, les requêtes en révision... rien n'y a fait. Il n'a jamais revu son fils, aujourd'hui âgé de 21 ans, et quand il parle de son épouse, il fond en larmes. Pour lui, c'est clair : il a tué contre sa volonté, dans un état d'« amnésie automatique » engendré par le somnifère qui lui avait été prescrit. Depuis le jour du drame, il ne cesse de répéter qu'une molécule pharmaceutique, le triazolam, vendue sous le nom d'Halcion, a fait de lui un assassin.

En 1985, lors du procès d'assises, l'Halcion 050 n'est pas encore interdit. Mais le sous-brigadier se connaît : il est incapable d'accomplir un geste aussi terrible. Le jour de la reconstitution des faits, il crie son désespoir : « J'avais perdu toute faculté de raisonnement, j'avais l'esprit vide, j'étais comme une machine. » Ne se souvenant de rien, il invente sa position lors de la reconstitution, pour simplifier le travail des gendarmes, et pour en finir...

Insomniaque depuis l'âge de 20 ans, François-Régis est coutumier des somnifères. En novembre 1983, son médecin traitant lui prescrit un hypnotique lancé sur le marché dans les années 70 : l'Halcion dosé à 0,50 mg, le plus fort dosage en vente à l'époque. Le jeune policier prend un comprimé chaque soir et un demi dans la journée, conformément à la prescription du médecin. « Je me rendais compte que j'étais drogué, explique-t-il aux jurés lors de son procès, le corps réclamait sa dose. »

Un soir, sa femme lui reproche de ne plus être lui-même. Une dispute éclate. François-Régis boit.

Le lendemain, il erre comme un zombie dans les couloirs du commissariat, fait n'importe quoi. Son supérieur lui donne un blâme et l'envoie chez un médecin généraliste conventionné par la police. Il en revient avec une ordonnance édifiante : de l'Atrium 300 (un anxiolytique fort) du Lexomil (un autre anxiolytique), des vitamines B2, B6 et B12, du Légalon et encore de l'Halcion 0,50. Un cocktail médicamenteux plutôt douteux. Rien pourtant d'inhabituel dans une France où, chaque année, on consomme plus de boîtes de Temesta que de tubes d'aspirine. Deux cents millions de boîtes de psychotropes sont vendus chaque année, soit quatre-vingts pilules par adulte et par an. C'est cinq fois plus qu'aux Etats-Unis ! En France 11 % des adultes absorbent des psychotropes régulièrement et plus de deux cent mille personnes sont reconnues comme dépendantes de ces substances.

En 1988, quatre ans après son incarcération, François-Régis découvre en lisant un journal que l'Halcion 0,50 a été retiré du marché français depuis plus d'un an. L'espoir renaît : le médicament était donc dangereux. Cette nouvelle le déculpabilise un peu et surtout l'ancien policier estime qu'elle donne une nouvelle dimension judiciaire à son affaire. Il rassemble son énergie et le peu d'argent qui lui reste pour relancer la procédure. Il envoie des lettres recommandées, contacte des avocats... Peine perdue : aucune de ses plaintes pour « faux, usages de faux, dénaturation et faux témoignages », contre les gendarmes, les experts psychiatriques et les laboratoires américains Upjohn, aucune de ses démarches au nom de la convention européenne des droits de l'homme n'aboutit. En 1987, ses jambes le lâchent. Il n'apprendra qu'en 1992 qu'il est atteint d'une sclérose en plaques.

A sa sortie du centre de détention, après dix ans et huit mois de prison, François-Régis a tout perdu. Son fils, devenu adulte, refuse de revoir l'assassin de sa mère. L'ancien policier n'a plus d'amis, plus de famille, pas d'argent, et aucune perspective professionnelle. « J'aurais pu me jeter dans l'alcoolisme, mais j'avais trop besoin d'être réhabilité », confie-t-il. Alors il file au palais de justice de Paris pour formuler une troisième demande de révision. En prison, François-Régis s'est plongé dans le code de procédure pénale. Selon l'article 622, la révision de son procès est possible si un fait nouveau ou un élément inconnu de la juridiction « au jour du procès » est intervenu depuis. Le fait nouveau, il le tient : l'Halcion 050 a été reconnu par les autorités médicales américaines, puis françaises, comme un psychotrope dangereux et criminogène.

Rien n'y fait. Après une rapide étude du dossier, une commission déboute François-Régis. La justice refuse la révision du procès. A trois reprises ! L'ex-policier est abattu : « Ma condamnation date de 1985. Or en 1987, l'Halcion a été retiré du marché. Notons aussi que trois cents personnes ont été reconnues non coupables des crimes qu'elles avaient accomplis sous Halcion : ce ne sont pas des faits nouveaux ça ? » Le professeur Zarifian s'insurge : « On peut s'étonner qu'en France les psychotropes, et en particulier les benzodiazépines, n'ont jamais été reconnus comme un élément d'atténuation de la responsabilité. C'est complètement admis ailleurs, notamment aux Etats-Unis. »

Contactés au moment de l'affaire, les laboratoires Upjohn ont eux-mêmes commenté : « L'Halcion, comme toutes les benzodiazépines à demi-vie courte, a potentiellement des effets indésirables. La clé, c'est qu'il soit prescrit correctement, à une bonne dose, à un individu donné. » Le laboratoire a même ajouté à propos de l'ancien sous-brigadier de police : « A l'époque la posologie était plus forte et les délais de prescription moins précis que maintenant. »

Epilogue

François-Régis vit comme un reclus dans son foyer minable, sans emploi, sans amis, sans famille, sans argent et sans dignité. Il cultive encore l'espoir de voir réouvrir son procès. Quand ? Il s'est fait envoyer par le président du tribunal de Salt Lake City une copie de la décision de justice et des conclusions de l'affaire Grundberg, en espérant une « jurisprudence internationale ». Il se battra jusqu'au bout pour, qui sait, pouvoir un jour revoir son fils et le regarder en face.

En 1997, le somnifère, malgré de nombreuses interdictions, était encore en vente dans soixante-cinq pays environ à travers le monde.

Beaucoup de bruit pour rien

Serge est exaspéré. Pour la seconde fois depuis le début de la semaine, un Boeing en phase d'atterrissage vient de souffler le toit de sa maison ! Lundi, Serge regardait « Questions pour un champion », le jeu diffusé par France 3 en fin d'après-midi, lorsqu'il a été surpris par un vacarme incroyable. Un tonnerre différent de tous les autres. Car Serge s'y connaît en bruits, il sait même reconnaître un Airbus d'un Boeing. Sa connaissance des moteurs est si fine qu'il parvient à distinguer les différentes générations d'avions de la même marque. Soixante mouvements d'avions par heure constituent une rude école.

« Lundi dernier – Serge est affirmatif – c'était un de ces vieux Boeing que la France est en train d'interdire, mais qu'Air France revend à des flottes étrangères. C'est terrible un Boeing qui a plus de vingt ans. Ça fait un raffut incroyable. Il y a même de vieilles Caravelle qui atterrissent ici. Je vous assure qu'on les repère de loin ! » Ce lundi-là donc, le vieux Boeing est passé si près du pavillon que des pans entiers de la toiture du retraité se sont envolés !

« Ce n'est pas la première fois, raconte-t-il. Je suis allé chercher l'échelle au fond du jardin, et j'ai replacé mes tuiles une à une. Ça fait des années que ça dure. Heureusement que mes tuiles sont solides. Ce genre de chose arrive quatre ou cinq fois par an. Quand un pilote étourdi aborde la piste un peu trop bas, il passe à cinquante mètres au-dessus de ma tête. Pour peu qu'il actionne ses volets de freinage, les turbulences sont telles que la moitié de mon toit se retrouve par terre. En février de l'année dernière, ils m'ont fait le coup en plein orage, de nuit ! J'ai dû attendre le lendemain matin pour aller remettre mes tuiles. Il faisait un froid de canard, mon toit était gelé et la pluie avait inondé la maison. Vous m'auriez vu, à 71 ans, en train de faire le guignol sur un toit gelé ! Avant ça n'arrivait pas, mais les avions sont de plus en plus gros, de plus en plus nombreux... Chaque année, ils augmentent le trafic aérien. Pourtant les pouvoirs publics savent pertinemment que l'aéroport d'Orly est au cœur d'une zone très urbanisée : les pistes sont au milieu des maisons. Mais ils ont trouvé des pigeons qui ne disent pas grand-chose. Alors, au lieu de se mettre l'opinion publique à dos en créant un autre aéroport ailleurs, ils surchargent. L'aéroport n'en peut plus. Aujourd'hui il est au maximum de sa capacité : un avion toutes les cinquante-cinq secondes. Il faut arrêter le massacre ! »

Serge n'est pas seul à endurer ce calvaire. L'aéroport d'Orly génère des nuisances qui concernent vingt-sept communes réparties sur les départements de l'Essonne et du Val-de-Marne, soit au total 420 000 personnes vivant dans un parc de 150 000 logements. Certes, toutes ne connaissent pas une situation aussi critique que Serge, mais le rythme des mouvements est devenu tel que tout le monde craque, ceux qui sont proches des pistes comme les autres. Un décollage ou un atterrissage chaque minute entre 6 heures du matin et 23 h 30 ! « Il faut imaginer la vie que nous avons, explique Serge. Quand un avion passe au-dessus de mon toit, la main vibre, la télévision et la radio se brouillent pendant une vingtaine de secondes, et je suis obligé d'interrompre ma conversation au téléphone... Sans oublier qu'en fonction des vents, le bruit peut aller d'une simple gêne, à une véritable douleur dans les tympans. »

Serge est âgé de 33 ans lorsqu'il achète, en 1959, son petit pavillon dans un lotissement de Chilly-Mazarin. Nous sommes en pleine crise du logement. Serge est célibataire. Comme il est né à quelques kilomètres de là, cette maison des années 30 entourée d'un beau et vaste jardin fait son affaire. A près d'un kilomètre, se trouve ce qu'on appelle encore le « camp d'Orly ». En réalité, depuis cinq ans l'Etat a construit une petite aérogare, Orly, qui accueille quelques avions à hélices. Serge entend parfois un ronflement, mais c'est rare. A l'époque, les avions sont moins lourds, décollent plus vite et ne suivent pas les mêmes trajectoires. « C'était bien le diable si j'entendais un avion par semaine, rappelle Serge. Orly était anecdotique dans la vie du coin. Autour, il n'y avait que des champs et l'aérodrome constituait une distraction, un amusement qui ne générait aucune nuisance. En plus, dès que la nuit était tombée, les avions ne volaient plus. Je me souviens, mes copains passaient me voir à la maison et nous partions regarder les avions décoller. »

Au début des années 60, l'aviation se développe, les technologies évoluent. Les appareils à réaction remplacent les avions à hélices. La toute jeune Vᵉ République veut faire d'Orly un aéroport à la mesure des ambitions de la France. « Les nuisances sont rapidement devenues insupportables, continue Serge. Dans notre lotissement, nous nous sommes tous mobilisés. Au lieu de nous soutenir, la mairie nous a dit de partir. Elle considérait le combat perdu d'avance. C'était inhumain de nous laisser parqués, au pied des pistes. Moi, j'ai toujours eu une santé de fer, mais je me souviens de certains de mes voisins : le bruit était tel qu'ils sont devenus dépressifs ; un type s'est même suicidé... A force de protester nous sommes devenus des gêneurs. Je me rappelle que le maire en personne est venu nous dire que notre combat était inutile et qu'il était préférable de quitter la ville. Vendre ? Mais qui aurait accepté de nous racheter un pavillon à quelques centaines de mètres des pistes d'Orly ? L'aéroport a complètement déprécié nos maisons. Il n'y avait plus de solution pour nous. Nous sommes condamnés à vivre l'enfer jusqu'à la fin de nos jours. »

En 1971, naît Orly-Ouest. On ne peut désormais plus construire à proximité des pistes. Les terrains deviennent des friches où des centaines de gens du voyage s'installent. La mairie de Chilly-Mazarin comprend qu'il y a un parti à tirer de l'extension de l'aéroport : implanter des entreprises, des usines, des industries et, grâce à la taxe professionnelle, rentabiliser ces terrains sinistrés. En quelques années, le lotissement se trouve cerné par une carrière de sable. De gigantesques appareils extraient du sol cette matière meuble qui sert de fondation aux autoroutes. Après deux ou trois années d'exploitation, on comble les énormes forages avec des ordures. Cette fois la pollution n'est plus seulement sonore !

Au début des années 80, l'aéroport d'Orly est submergé par les plaintes. Le bruit est devenu insupportable. Les propriétés alentour sont dévaluées. Deux ou trois riverains gagnent même des procédures. Les Aéroports de Paris craignent la contagion. Ils décident de faire définitivement fixer une date butoir : tout riverain qui se sera installé à proximité de l'aéroport après cette date ne sera pas indemnisé. Les juristes retiennent le 31 mai 1954, jour où le décret de déclaration d'utilité publique de l'agrandissement d'une piste d'Orly a été affiché à la mairie de Paray-Vieille-Poste. Or, le 31 mai 1954, il n'y avait que des champs de betteraves autour d'Orly. Les Aéroports de Paris ont joué fin. Toutes les habitations ont été acquises après cette date. Elles doivent donc subir le bruit, sans rien espérer des pouvoirs publics.

Au début des années 90, la société française se préoccupe davantage d'écologie et d'environnement. Une aubaine pour les riverains d'Orly qui se battent depuis des décennies. Le 31 décembre 1992, l'Etat promulgue une nouvelle loi sur le bruit. Hélas, elle exclut les avions de son champ d'application. Quelle désillusion et surtout quel paradoxe : l'aviation jouit du privilège exceptionnel de n'être soumise à aucune législation réglementant les nuisances qu'elle génère. Elle évolue ainsi dans un *no man's land* juridique qui permet tous les excès.

Le 30 octobre 1994, nouvel espoir : le ministre des Transports prend un arrêté limitant à 200 000 le nombre de vols commerciaux annuels pour l'aéroport d'Orly, avec une réduction des vols dans les horaires proches du couvre-feu. Ce chiffre est repris par le schéma directeur de l'Ile-de-France. Néanmoins, depuis 1994 le trafic de l'aéroport ne cesse d'augmenter. Il était de 240 000 mouvements en 1995, de 250 000 en 1996, et tout porte à croire que la tendance ne s'inversera pas. Serge explose : « Nous nous étions battus pour obtenir ce décret. Nous avions organisé des manifestations incroyables à Villeneuve-le-Roi, à la suite d'acrobaties d'un Airbus roumain au-dessus de nos maisons. C'est pourquoi le gouvernement a plié. Quand nous avons réalisé que le décret n'était pas respecté, nous avons demandé des comptes au ministre de l'Environnement. Sa réponse a été d'un cynisme incroyable. Il nous a dit en gros : " Je constate que le seuil est dépassé, mais comme les avions sont moins chargés qu'autrefois, ils font un peu moins de bruit. Ça compense. " Qu'il vienne chez moi passer un après-midi, ce ministre ! »

A la même époque, conscients du problème, les pouvoirs publics mettent sur pied un dispositif d'indemnisation des riverains. Chaque compagnie aérienne sera taxée en fonction de son nombre de décollages et du classement acoustique des appareils qu'elle utilise. Ce fonds allouera des subventions aux victimes du bruit en fonction d'une cartographie établie par l'aviation civile. Pour ce faire, l'aviation civile décide de se livrer à de savants calculs pour décider des zones à indemniser. Tout aurait pu être simple, mais au lieu de mesurer le bruit généré dans les communes grâce à un simple sonomètre, l'administration se lance dans une de ces procédures complexes dont elle a le secret. Elle invente un indice de bruit, le « point psophique », qui résulte d'un calcul mathématique prenant en compte les mouvements d'avions, additionnant les décibels obtenus dans la journée et les répartissant. Ainsi, quand dix avions à 100 décibels passent au-dessus de chez vous, on « étale » les décibels sur toute la journée, ce qui, dans ce mode de calcul très contesté par les riverains, atténue votre préjudice. Difficile de faire plus confus ! Résultat : au 1er janvier 1997, le fonds d'aide aux riverains possédait plus de 100 millions de francs en trésorerie disponible. Et pourtant, sur huit mille habitations concernées, quatre seulement ont obtenu une indemnisation.

Serge, après des années de réclamations, s'est vu signifier par l'administration que son pavillon se trouve en zone 2. « Si moi je suis en zone 2, alors que mon pavillon est à trois cents mètres des pistes, je n'ose pas imaginer ce que signifie vivre en zone 1 ! commente-t-il. Honnêtement je ne sais pas comment ils font leurs calculs, mais ça ressemble à une vaste fumisterie. » Serge peut donc prétendre à une indemnité de 21 000 francs pour chaque fenêtre de sa maison. Une somme qui devrait lui permettre d'effectuer des travaux d'isolation. Toutefois, les 21 000 francs ne portent que sur les fenêtres des pièces nobles : salon, salle à manger, chambre à coucher. L'indemnité ne s'applique ni aux couloirs, ni à l'entrée, ni à la salle de bains, ni à la cuisine ! Un système idiot car le bruit pénètre dans la maison par les autres fenêtres ainsi que par la toiture. C'est toute la maison qu'il faudrait isoler phoniquement : fenêtres, murs, toit...

Pour les plus anciens riverains de l'aéroport d'Orly, l'addition de trente années de combat est salée : des maisons dépréciées, une pollution sonore croissante, des dispositifs d'indemnisation inadaptés, une multiplication des zones industrielles aux alentours, sans oublier une pollution de l'air de plus en plus dramatique. Selon les autorités, l'aviation ne serait responsable que de 1 % de la pollution globale. Pourtant, un article paru dans *Aéroport Magazine* en 1996 indique : « Les énormes quantités d'essence brûlée finissent par donner lieu à des accumulations significatives. Rien qu'en attente avant décollage, un Boeing 747 consomme 45 kilos de kérosène à la minute. Aux heures de pointe, les émanations prennent des proportions considérables. En une année, les deux moteurs d'un simple Airbus A320 crachent 901 876 kilos d'un cocktail d'hydrocarbures imbrûlés, de monoxyde de carbone et d'oxyde d'azote. »

Epilogue

A 71 ans, Serge a décidé d'arrêter de se battre contre une administration qui refuse d'entendre raison. « J'ai fait venir un expert en acoustique chez moi, confie-t-il, il me faut des doubles vitrages tellement épais pour arriver à un seuil phonique acceptable que le produit n'existe pas. Alors je ne vais pas me relancer dans la bagarre. Je vais attendre encore deux ou trois ans, qu'ils daignent m'adresser mon indemnisation. Et puis j'arrête. J'aurai 74 ans, et j'espère que je pourrai commencer à vivre. »

De toute la France... sauf la Corse

Benoît attend l'anniversaire de ses 18 ans avec impatience. Non qu'il soit pressé de quitter le domicile familial, ou qu'il rêve de partir de France pour d'improbables destinations exotiques, comme beaucoup d'adolescents de son âge, mais Benoît a hâte de prendre possession de son héritage. Adolescent taciturne, petit brun au teint mat et à l'œil noir, il pourrait faire penser à Bonaparte jeune, ou à d'Artagnan, avec ses pommettes saillantes. Avec le héros d'Alexandre Dumas, il a en commun les origines gasconnes. Benoît n'a jamais connu son père, mort à la naissance de son fils sur une petite route du Gers, victime d'une plaque de verglas. Il faisait nuit, le jeune médecin rentrait chez lui à tombeau ouvert. On venait de l'alerter que son épouse avait ses premières contractions. L'héritage s'était limité à quelques dettes, une vieille ferme en cours de restauration, une collection de papillons exotiques et une paire de Holland Holland, la Rolls du fusil de chasse. Une superbe paire de calibre 20, des armes très fines, traditionnellement dévolues aux femmes ou aux excellents chasseurs. Ces deux pièces de collection ont été fabriquées à Londres au siècle dernier. Comme tout Gascon, le père de Benoît consacrait l'essentiel de ses week-ends, pendant la saison froide, à chasser. Il traquait la palombe, le sanglier, le cerf, le chevreuil... et tenait ces deux armes de son père qui les tenait du sien, etc. Une paire de Holland Holland dans une famille de chasseurs, c'est un peu comme un Stradivarius dans une famille de violonistes : un objet de culte. La valeur marchande n'a plus d'importance, seules comptent l'histoire et la beauté de l'objet.

La mère de Benoît, institutrice, a élevé son fils unique dans la tradition gasconne : rugby, confit et chasse à la palombe. Mais la seule véritable passion du jeune homme reste la chasse. Il a obtenu son permis à 16 ans, et il n'existe pas une espèce animale, de la bécasse à l'ortolan, de la perdrix rouge au canard pilet, dont il ne connaisse la période de reproduction, les dates de migrations...

Sa mère avait depuis longtemps décrété qu'elle ne confierait la précieuse paire de fusils à son fils que lorsque celui-ci aurait atteint ses 18 ans. Et Benoît attend l'échéance avec impatience. Les fusils, peu entretenus depuis la mort du père, nécessitent un sérieux lifting et, depuis plus d'un an, Benoît économise pour financer l'opération.

Enfin entré en possession du trésor familial, Benoît, après avoir essayé les deux armes et s'être assuré de leur bon fonctionnement, décide de les confier au meilleur armurier de la région, à Toulouse. Après un rapide examen, il paraît nécessaire de restaurer les deux pièces. Agées de plus d'un siècle, les crosses en noyer sont abîmées au point de se rompre. De surcroît elles sont un peu courtes pour Benoît, et l'armurier entreprend des essais et des simulations de tir avec le jeune homme afin de les adapter à sa morphologie.

– Laissez-moi les deux fusils un mois et demi, je vous les rendrai en état neuf, conclut-il.

Confiant, Benoît rentre chez lui et patiente. Au bout de huit semaines, il n'a toujours pas de nouvelles de l'armurier toulousain. Il décroche son téléphone pour s'enquérir de ses pièces de collection. L'armurier ne semble pas à l'aise :

– Il y a eu un petit problème. Pourriez-vous passer à la boutique aujourd'hui ?

Benoît pâlit. Il prend sa vieille R5 et se rend à Toulouse. Dès qu'il pénètre dans l'armurerie, Benoît comprend que le problème est de taille. L'armurier se précipite.

– Il est arrivé un grand malheur... Vos deux Holland ont disparu.

– Disparu ? Vous avez été cambriolé ?

– Non, explique l'armurier, je les ai fait assurer pour 200 000 francs, puis je les ai envoyés à un ébéniste avec lequel je travaille souvent, en Corse. Il a effectué les réparations sur vos deux crosses, puis m'a retourné les pièces, comme convenu. Elles sont parties voici cinq jours de la poste centrale d'Ajaccio et je n'ai toujours rien reçu. La Poste pense que le colis a été perdu... ou volé. Je n'y suis pour rien.

Benoît est anéanti. Si l'armurier l'avait informé de ses intentions, jamais il n'aurait accepté que ses fusils voyagent de la sorte. Il se sent floué. Benoît supplie l'armurier de retrouver les deux Holland, mais ce dernier se défausse :

– Je ne peux plus rien faire. Le coupable, c'est Chronopost.

– C'est à vous que j'ai confié les armes, s'exclame le jeune homme.

– J'ai fait ce que j'ai pu... Je ne pouvais pas prévoir qu'elles seraient volées. C'est à la Poste de les rembourser.

En rentrant chez lui, Benoît ne peut s'empêcher de pleurer. Puis, il commence l'enquête. Il appelle le fameux ébéniste et lui demande la copie du bordereau d'envoi « Chronopost » des deux fusils. L'ébéniste explique, impuissant :

– J'ai agi conformément aux instructions de l'armurier. Les armes étaient démontées et soigneusement emballées. On ne pouvait pas savoir qu'il s'agissait de deux fusils de chasse.

Le bordereau établit clairement que les deux fusils ont été envoyés un 26 septembre. Benoît saisit donc le service des contentieux de Chronopost. En quelques jours la filiale de la Poste diligente une enquête. Le résultat est sans appel : les fusils n'ont pas pris l'avion à l'aéroport d'Ajaccio, ils ont été interceptés avant.

Benoît préfère ne rien dire à sa mère. Il porte plainte contre l'armurier afin que celui-ci porte plainte, à son tour, contre Chronopost. C'est la meilleure façon de déclencher une enquête. Les rapports entre Benoît et celui qui devait réparer les armes se tendent, mais le jeune homme n'a qu'un but : remettre la main sur son bien. « J'avais honte de moi. Vous savez, ces deux fusils, c'est la seule chose que me laissait mon père. Dès que je les ai pris sous ma responsabilité, ces pièces, estimées à

150 000 francs chacune, qui étaient dans notre famille depuis si longtemps, ont disparu. »

En quelques semaines, la police met la main sur un agent de contrôle de l'aéroport d'Ajaccio. Ce dernier raconte avoir aperçu les armes au moment où ils passaient aux rayons, et avoue les avoir subtilisés juste avant l'embarquement. Benoît est soulagé. L'enquête est lancée, le coupable a avoué, on va retrouver ses deux fusils. Mais les armes ne sont pas retrouvées pour autant. Le voleur prétend les avoir vendues à un homme de passage pour 1 000 francs. Bien entendu, l'acheteur providentiel est introuvable et le voleur insolvable ! L'aéroport d'Ajaccio prend à son égard des sanctions disciplinaires et met à pied le contrôleur indélicat, mais aucune nouvelle des fusils. L'enquête pour les retrouver s'enlise puis s'arrête carrément. Affaire classée.

Quatre ans plus tard, le procès n'a toujours pas eu lieu. L'histoire a donné lieu à une véritable cascade de procédures dont le seul perdant est le jeune Benoît. L'armurier attaque Chronopost à qui il a confié les fusils, Chronopost attaque l'aéroport d'Ajaccio à qui il a confié les fusils, l'aéroport d'Ajaccio attaque le voleur qui est insolvable, l'assureur de l'armurier refuse de rembourser tant que les responsabilités ne sont pas clairement établies... et Benoît a dû avouer l'histoire à sa mère !

Pire, pour la société Chronopost, il n'est pas certain que les fusils puissent être remboursés. La filiale de la Poste se fonde sur l'article 103 du code des transporteurs : « La présomption de responsabilité qui pèse sur le transporteur a pour résultat de mettre à sa charge tous les dommages lorsqu'il est dans l'impossibilité de prouver que le préjudice est dû au vice propre de la chose, à un cas de force majeure ou à la faute de l'expéditeur. » Et Chronopost d'ajouter : la jurisprudence est claire, lorsque aucune faute de négligence ou d'imprudence ne peut être reprochée au transporteur, le vol est admis comme un cas de force majeure. La boucle est bouclée : en invoquant l'article 103, l'entreprise Chronopost affiche sa volonté de ne pas rembourser les fusils volés à l'aéroport d'Ajaccio. Le jeune Benoît ne reverra sans doute jamais ses armes et il y a fort à parier que les avocats de Chronopost sauront démontrer que l'entreprise a bien fait son travail.

Epilogue

Le fin mot de l'histoire appartient sans nul doute à cet employé à qui Benoît téléphonait pour demander des nouvelles de ses fusils. Ce responsable du service contentieux s'est offusqué : « Vous pouvez envoyer des colis de France, sans aucun problème, mais enfin, pas de Corse ! Tout le monde le sait ! » Benoît, lui, ne le savait pas.

Sous la pelouse… les fûts

Il est 9 heures du matin, mais Christian n'a pas rejoint son bureau. Ce père de famille, ingénieur informaticien chez un grand fabricant d'ordinateurs, est sérieusement grippé. Il attend la visite du médecin de famille, au fond de son lit, assommé par la fièvre. Il a le nez pris, la gorge à vif, les sinus à l'envers, les tempes broyées dans un étau… Et pour couronner le tout, Christian entend des voix dans le jardin de son pavillon. Sûrement la fièvre. Les minutes passent et le médecin tarde à venir.

Décidément il y a trop de bruit dans le jardin, Christian se redresse dans son lit. Cette fois, il en est certain, ce n'est pas la fièvre. L'ingénieur se lève et se dirige vers la fenêtre dont les contrevents sont fermés. Tout doucement il pousse les volets. Ses yeux, habitués à la pénombre, sont éblouis. Après quelques secondes, Christian aperçoit un spectacle incroyable : cinq hommes sont face à lui, en tenue de cosmonautes ! Ils ont des outils étranges et creusent le sol de son jardin. Il chancelle, se touche le front.

Christian enfile une robe de chambre, descend

au rez-de-chaussée et sort dans le jardin. Difficile de dire si cette irruption étonne ces étranges extra-terrestres, Christian ne voit pas les visages dissimulés sous leurs casques. Un des astronautes tend une main gantée vers Christian et l'emmène de l'autre côté de la maison. Il ôte son casque.

– Bonjour, dit-il, de ce côté-ci de la maison ce n'est pas dangereux, je peux enlever mon casque. Nous sommes du Commissariat à l'énergie atomique. Vous vivez sur un terrain irradié. Nous venons mesurer son degré de contamination.

Christian effectue un pas en arrière et considère longuement son vis-à-vis puis il bredouille un timide « Je ne comprends pas bien ».

– Nous sommes le CEA et nous venons enlever les déchets radioactifs qui sont dans votre jardin.

Une dizaine de caisses métalliques jonchent le jardin. Deux des hommes arpentent les 2 000 mètres carrés du terrain, leurs compteurs Geiger en marche.

Une heure, deux heures s'écoulent. Christian est remonté dans sa chambre. De sa fenêtre, il observe la scène surréaliste. Partout des monticules de terre s'élèvent. Ils mesurent un mètre de hauteur, parfois deux. Les hommes en blanc continuent de creuser. De ces trous, ils extraient des fûts imposants. Des fûts ?

C'est en 1963 que Christian et son épouse ont acheté ce joli pavillon à Gif-sur-Yvette. Il s'agit d'une maison de 200 mètres carrés, construite dans les années 50 sur deux étages. Ils ne savent rien du passé de l'édifice. Personne, ni l'ancien propriétaire, ni la mairie, ni le voisinage, ne les a informés d'un quelconque danger. L'ancien propriétaire prenant sa retraite avait décidé de vendre pour se retirer dans le Sud. Quoi de plus normal ? Ce n'est que tardivement que Christian et son épouse apprennent la vérité. Leur maison et leur terrain sont situés sur les anciens laboratoires de savants qui travaillaient, avec Pierre et Marie Curie, sur le radium au début des années 30. Ils allaient chercher le radium nécessaire à leurs expériences à la gare de Gif... et le ramenaient au laboratoire à l'aide d'une brouette !

Quand Christian découvre la vérité, il s'étonne de ne pas avoir été informé par la mairie. A la mairie, on lui répond que seul le Commissariat à l'énergie atomique a compétence pour déclarer si un site est « à risques » ou pas. Christian ne s'inquiète pas trop. La France est le pays du monde où la proportion d'électricité d'origine nucléaire est la plus importante, il est convaincu que le problème des déchets est maîtrisé. L'Etat ne saurait laisser des résidus radioactifs se balader dans la nature.

« Après avoir fait des trous dans mon jardin, les experts du CEA ont retiré toute la terre qui se trouvait sur le perron, devant ma maison, et l'ont remplacée par du sable propre, raconte l'informaticien. Il fallait voir la manipulation ! Les gens du quartier étaient atterrés devant ces types en combinaisons antiradiations manipulant du sable. Par la suite les “ cosmonautes ” sont entrés dans la maison. Leur compteur Geiger était comme fou ! Il crachait dans tous les sens. Leur chef m'a dit : “ Il y a trop de travail. On ferait mieux de vous racheter la maison et le terrain. Ce serait plus rentable. ” Le problème, c'est le sous-sol de ma maison. Impossible de retourner le terrain avec un bulldozer. Résultat : mon terrain est dépollué, mais pas la partie qui se trouve sous la maison. Du coup, ils ont coulé une dalle de béton de cinquante centimètres d'épaisseur pour isoler le sol du garage. Ils ont mis du plomb sur les murs du rez-de-chaussée. Vous imaginez : ils ont plombé les murs de la maison ! Nous avons tous eu une peur bleue. Si l'administration prenait tant de précautions, c'est qu'il devait y avoir des tonnes de déchets radioactifs sous les fondations. Nous avons essayé d'en savoir davantage. On nous a simplement dit qu'il s'agissait de déchets de sels de radium. Personne au CEA ne nous a jamais expliqué si c'était dangereux ou pas. Personne ne nous a envoyé de courrier. Nous n'avons pas de trace écrite. »

Les travaux de dépollution durent un mois. Christian invite sa famille à subir des examens de santé. « Nous n'avions pas été irradiés en quantité suffisante pour que cela nuise à notre santé. Ce qui nous a sauvés, c'est que nous n'habitions pas au rez-de-chaussée. En vivant au premier, nous nous isolions du sol radioactif. Certes, il reste quelques points chauds dans le jardin, mais il suffit de le savoir. Nous ne plantons rien pour ne pas faire de trou et pour ne pas prendre le risque de déterrer quoi que ce soit. Je dis à mes enfants : On ne plante pas une rose sans compteur Geiger ! »

Le pavillon est devenu invendable. L'an passé, Christian et sa femme auraient souhaité céder une partie de leur terrain à leur fille afin qu'elle construise une maison, mais au moment du permis de construire la mairie a annoncé qu'il était nécessaire de procéder à la dépollution du terrain. Christian et sa fille ont immédiatement réagi en expliquant que le terrain avait déjà été dépollué par le CEA. « Il s'agissait d'une dépollution sommaire », ont rétorqué les autorités municipales ! Christian se renseigne : le devis pour une dépollution sérieuse du petit terrain destiné à sa fille frôle le million de francs !

Epilogue

Christian a écrit à deux reprises au médiateur de la République afin que l'Etat prenne en charge les travaux de dépollution. En vain. Il n'a même pas reçu de réponse.

« Le désengagement des pouvoirs publics est incroyable, dénonce Christian. Cette famille de chercheurs a travaillé pour l'Etat, afin de créer une activité nucléaire civile, largement bénéficiaire à notre pays. Personne ne m'avait rien dit, et surtout personne ne veut payer ces premiers tâtonnements de la recherche à Gif-sur-Yvette. Il est incroyable que ce soit à ma famille d'assumer les bavures du passé ! »

IV.

Le règlement, c'est le règlement

Il n'est pas si simple d'être français

Lorsque le 19 mars 1962, au terme d'une guerre de huit ans, l'Algérie obtient l'indépendance, une disposition réglementaire prévoit que les ressortissants de ces anciens départements français ont le choix entre demeurer français et devenir algériens. Aux pieds-noirs, aux harkis et aux nombreux musulmans désireux de venir vivre en France, les accords d'Evian demandent de déclarer officiellement leur intention de rester français. En clair, à partir de mars 1962, tout résidant d'Algérie qui ne fait pas acte volontaire perd sa qualité de citoyen français.

Jaffar est né à Oran en 1958. Il a 4 ans lorsque l'Algérie proclame son indépendance. Son père, Amid, écrivain, intellectuel et professeur d'université, a combattu durant la Seconde Guerre mondiale dans les FFI. Il se sent français. Il effectue donc cette déclaration auprès des autorités préfectorales. Ainsi, dès le printemps 1962, Amid, son épouse et leur fils deviennent – ou plutôt demeurent – des citoyens français. Amid est un brillant économiste. Après quelques semaines dans le sud-est de la France, il arrive à Paris. Ses états de service sont édifiants. En quelques jours, il entre à Matignon comme conseiller technique du Premier ministre. Jaffar passe une jeunesse confortable sous les lambris d'une Ve République plus habituée à utiliser la main-d'œuvre algérienne dans la construction de nouvelles HLM que dans les cabinets ministériels. Jaffar est heureux : « Je me souviens très bien d'avoir sauté sur les genoux de Chaban-Delmas, de Pompidou et même, une fois, de De Gaulle. Mon père n'a jamais renié nos origines mais il était farouchement attaché à la République française et laïque. Il s'était battu pour elle, et maintenant il lui consacrait sa carrière professionnelle. Pour lui nous n'étions pas des Algériens naturalisés. Nous étions des Français d'Algérie, nés à Oran, en France ! Son propre père était mort à Verdun, lui était entré dans la Résistance. Il disait : “ Pour la République, nous ne sommes pas différents des Picards ou des Auvergnats : nous avons le droit du sang et le droit du sol ! ” »

Lorsque Amid décède brutalement, au début des années 70, la République reconnaissante embauche son épouse dans un service comptable de Matignon. Zora devient à son tour fonctionnaire. Le petit Jaffar obtient sa première carte d'identité française à l'âge de 10 ans. Dix ans plus tard, le 7 septembre 1977, comme l'exige la loi il la fait renouveler. Le jour de sa majorité, il obtiendra sans difficulté sa carte d'électeur.

Jaffar a 19 ans. Il est appelé sous les drapeaux. Il prépare les EOR et devient officier. L'armée apprécie ce grand jeune homme musclé. C'est un véritable champion. Il excelle en cyclisme où il vient de terminer une saison chez les professionnels. Il possède aussi un remarquable palmarès en cross et en natation. Ses supérieurs, ravis de voir leurs unités briller dans les compétitions militaires, gratifient le jeune homme de nombreuses permissions. L'officier de réserve, une fois son service terminé, reviendra chaque année effectuer ses périodes de réserve. Mais il laisse le sport et la compétition de côté. Il doit maintenant subvenir à ses besoins. Sa vocation se précise, il veut devenir avocat. En 1985, il entre au barreau de Paris. Le parcours est exemplaire.

En août 1993, comme chaque soir Jaffar emprunte le RER pour rentrer chez lui. Il met à profit cette heure passée dans les transports en commun pour travailler ses dossiers. Ce jour-là, en déballant ses affaires il égare sa carte d'identité. Dès le lendemain, il se rend au commissariat de police pour procéder à une déclaration de perte. Muni de ce document il se rend ensuite à la préfecture afin de faire établir un duplicata. L'affaire se corse. Le fonctionnaire, pour établir une nouvelle carte, réclame l'ancienne. Lorsqu'il comprend que Jaffar ne saurait la fournir, il demande un extrait de naissance. Né dans un département d'outre-mer devenu entre-temps indépendant, Jaffar doit écrire au ministre des Affaires étrangères. Curieux pour un Français ! Il adresse donc un courrier à la direction de l'état civil à Nantes, qui dépend de ce ministère, afin d'obtenir son extrait de naissance. Quelques semaines plus tard, Nantes répond. « L'acte dont vous avez demandé la délivrance ne figure pas dans les archives du service central d'état civil. En effet, ce service ne détient en microfilms que les deux tiers des registres d'état civil dressés en Algérie avant l'indépendance, les originaux ainsi que les duplicatas étant en possession des autorités algériennes. » Manque de chance, Jaffar est dans le mauvais tiers, celui dont on n'a aucune trace écrite à Nantes. Le casse-tête.

Jaffar est né en France, de parents français, tous les deux fonctionnaires dans les services du Premier ministre ; son père a été décoré de la Légion d'honneur ; il possède une carte d'électeur, tamponnée à chaque élection, un passeport français ; il a fait son service militaire en France, il est officier de réserve de l'armée française, champion de France militaire de cyclisme, avocat au barreau de Paris, et sa carte professionnelle comporte la mention « nationalité française », et pourtant l'administration refuse de renouveler sa carte d'identité française, arguant que Jaffar n'est pas en mesure de prouver sa nationalité !

Jaffar se tourne vers les tribunaux. En droit français, un juge d'instance, sur la présentation des documents originaux, est habilité à établir un « certificat de nationalité française ». Jaffar, déterminé à régler l'affaire au plus vite, envoie donc les documents nécessaires au juge d'instance d'Etampes, compétent pour statuer. Trois semaines d'attente. Enfin, après avoir examiné les pièces présentées, le tribunal adresse sa réponse au jeune avocat : « Nous pourrons établir que vous êtes citoyen français lorsque vous nous aurez fait parvenir un extrait de naissance. » Le serpent administratif se mord la queue. Pour refaire faire sa carte d'identité Jaffar a besoin d'un extrait de naissance, comme l'administration ne peut fournir ce document, elle lui propose de se tourner vers un juge ; le juge accepte de traiter le cas à condition d'obtenir... un extrait de naissance !

Jaffar demande rendez-vous au magistrat. L'entretien est loufoque. Le juge explique que les actes d'état civil ne pouvant être délivrés par la France, Jaffar doit les demander en Algérie. « Autant dire aller les chercher sur la lune, commente l'avocat. L'Algérie n'a plus un seul document antérieur à l'indépendance. Et de surcroît, elle a d'autres chats à fouetter en ce moment. » Le juge conclut :

– Nous ne disposons d'aucun document nous prouvant que vous avez conservé la nationalité française après l'indépendance puisqu'ils n'ont pas été archivés à Nantes.

Jaffar s'emporte :

– Vous en connaissez beaucoup des étrangers qui votent, qui sont officiers dans l'armée française ?

La saga ubuesque connaît un nouveau développement. La carte d'identité égarée dans le RER en août 1993 n'a pas été perdue pour tout le monde. Elle a été récupérée par un malfrat algérien qui est allé commettre une série de cambriolages en Allemagne. L'homme, à défaut d'être arrêté, a rapidement été identifié : il s'agit... d'un avocat parisien du nom de Jaffar ! Résultat, à chaque fois que Jaffar (le vrai) tente de quitter le territoire national avec son passeport, il est retenu par le service des douanes. En raison des larcins commis pour celui qui utilise sa carte d'identité, son nom figure au dossier des ressortissants européens indésirables, établi à la suite des accords de Shengen !

« La semaine dernière, je devais partir à Londres, comme d'habitude le contrôle douanier m'a fait rater l'avion. Je leur ai expliqué ma mésaventure mais ils ne voulaient pas me croire. Ils pensaient que mon passeport était faux. Ils m'ont demandé de les regarder dans les yeux pour vérifier si la couleur de mes pupilles est identique à celle mentionnée sur le passeport ! »

Epilogue

Jaffar est désemparé. Il a demandé au ministère de l'Intérieur et au ministère des Affaires étrangères d'annuler cette fiche, dont toutes les polices européennes sont en possession et qui lui cause tant de préjudice. La réponse ne s'est pas fait attendre : « Nous en avons besoin pour arrêter celui qui utilise votre identité pour commettre des méfaits. » Jaffar restera donc fiché. Quant à sa nationalité française, elle relève désormais du rêve.

Les charmes de la propriété

Nous sommes en 1990. A Paris, l'immobilier flambe. Michèle élève seule ses trois enfants. C'est une femme douce, intelligente, cultivée... un tantinet « power-woman ». Michèle gagne convenablement sa vie en travaillant dans la communication. Depuis peu, elle dirige une école qui prépare au BTS d'arts appliqués. Malgré les enfants à sa charge et le coût de la vie à Paris, elle a réussi à mettre un peu d'argent de côté pour acheter un appartement. Alors elle visite... De vieux appartements : des grands, des petits, des biscornus, des sombres, des « à retaper », des ruines, des mal fichus. Un jour elle trouve son bonheur : un 70 mètres carrés dans le 11ᵉ arrondissement, au troisième étage d'un charmant immeuble. L'appartement n'est pas luxueux et comprend un séjour, trois petites chambres, une cuisine et une salle de bains. Michèle décide de s'engager. L'appartement est loué à une famille de quatre personnes. Michèle s'inquiète auprès du propriétaire, un marchand de biens. Il la rassure :

– J'ai envoyé leur congé aux actuels locataires. Il

n'y a aucun problème. Le jour de la signature, nous vous remettrons les clés. Les actuels locataires auront déménagé.

Michèle se méfie. Elle consulte un avocat spécialisé, se rend au bureau de l'ADIL, une association qui dépend de la mairie de Paris. Tous lui confirment que la situation est normale. Elle est rassurée.

Pourtant, le 15 mars 1990, date de la signature de la vente, personne ne remet à Michèle les clés de son nouvel appartement. On lui demande d'être patiente et d'attendre quelques jours...

Les semaines s'écoulent et Michèle ne peut toujours pas entrer dans son appartement. Faut-il casser la vente ? Faut-il faire un procès aux locataires ? Au bout de trois mois on la prévient que les locataires refusent de quitter les lieux. Ils mobilisent, pour soutenir leur cause, des associations. Pire, dans le but de bloquer la situation, ils établissent une demande de déclassement de leur loyer afin de passer en « loi de 1948 ». Une façon de faire baisser le montant du loyer. Si les parents de la famille occupante sont au chômage, leurs enfants, de plus trente ans, règlent un loyer de 1 000 francs par mois. Michèle tente d'aller leur expliquer qu'elle a acheté cet appartement pour y vivre avec ses trois enfants, mais ses locataires forcés refusent de la recevoir. Ils cessent même de payer les charges. Michèle ne dit rien. Elle s'est fait avoir et paie les charges de son appartement à la place des locataires. La situation s'envenime.

L'école d'arts appliqués dont s'occupe Michèle se porte mal. Le propriétaire n'est pas un gestionnaire exemplaire. Après quelques années d'existence, elle ferme ses portes. Michèle est licenciée. Les événements s'enchaînent avec une rapidité incroyable. Alors qu'elle ne peut récupérer son appartement, qu'elle en paie les charges, qu'elle se trouve au chômage avec trois enfants à charge, Michèle apprend que les propriétaires de l'appartement où elle réside souhaitent récupérer son trois-pièces. Ils entament contre elle une procédure d'expulsion. Dans quelques mois elle devra quitter les lieux.

Michèle écrit aux associations qui soutiennent ses propres locataires : « Je suis au chômage. J'ai trois enfants à faire manger. Je rembourse chaque mois 4 000 francs à ma banque pour un appartement dont je paie les charges, on menace de me mettre à la rue dans deux mois avec mes petits : continuez comme ça, vous allez remporter une grande victoire contre le capitalisme ! »

Les associations sont rusées. La procédure entamée pour faire passer l'appartement de Michèle sous le statut de la « loi de 48 » est longue. On doit commencer par expertiser. Au bout d'une année, l'expert ne s'est toujours pas présenté. Les tribunaux sont surchargés. On nomme alors un second expert. Il met une année à se rendre sur les lieux et six mois pour rendre sa décision : l'appartement ne peut pas être déclassé. Michèle a « gagné »... mais ses locataires, eux, ont gagné près de trois ans ! Trois ans sans payer les charges, trois ans de loyer à 1 000 francs par mois. Michèle arrive à la fin de ses droits Assedic. Ses dettes s'amoncellent. Elle va être expulsée.

En juillet 1996, le moment tant redouté arrive. Un huissier lui signifie qu'elle est expulsée sans délais. Elle a en réalité deux mois pour déguerpir.

Sans revenus, Michèle et ses trois enfants sont voués à dormir dehors. Elle court au commissariat du 20e arrondissement. Le commissaire la reçoit. Il est ému par cette femme et écœuré par ce qui arrive.

– Je ne me résoudrai jamais à vous expulser, dit-il.

Mais les bons sentiments n'ont qu'un temps.

« Si mes locataires ne cherchent pas d'appartement, se dit Michèle, je vais chercher pour eux. » Elle court voir les services sociaux, essaie de leur obtenir un logement. Elle supplie les élus de la mairie de Paris, mobilise la presse. *Le Parisien* et *Libération* « sortent » l'affaire. Elle passe dans l'émission « Sans concession » sur France 3. Du coup, les élus s'agitent un peu. L'adjoint au maire de Paris chargé du logement s'engage à faire quelque chose. Il appelle les locataires et leur propose un logement social de la ville de Paris dans un arrondissement voisin. C'est un porteur spécial qui leur amène les clés et les caractéristiques (plans, loyer, aides possibles). Les locataires refusent. Michèle est accablée. La mairie propose un second logement, plus grand, en proche banlieue, les locataires n'en veulent pas. Un troisième : les locataires le refusent encore. Devant les supplications de Michèle, la mairie de Paris propose un quatrième appartement. C'est un 80 mètres carrés dans un bel immeuble en pierre de taille, situé dans une jolie rue du 18e arrondissement. Le loyer s'élève à 3 000 francs par mois, mais les locataires pourraient bénéficier de 2 000 francs d'aide au logement. Là encore, ils refusent. Ils invoquent la santé de leur fils cadet : « Il est dépressif et il a besoin de rester dans notre quartier pour garder ses repères. »

Michèle n'y tient plus. Elle entame une procédure d'expulsion. Après deux ans de procédure, un huissier vient enfin signifier aux locataires qu'ils doivent partir avant le 6 septembre 1997. Le jour de la délivrance arrive. Et quel jour ! Michèle récupère un appartement saccagé, l'électricité a été arrachée, les sols vandalisés, certaines pièces ont été brûlées. En partant, les locataires ont omis de régler les cinq ans d'arriérés de charges que Michèle a payés pour eux. Comme ils ont oublié les 8 000 francs de procédure que la cour d'appel de Paris les a condamnés à payer à Michèle. Au total, ils lui doivent près de 40 000 francs !

Ils sont partis sans laisser d'adresse et officiellement résident à l'étranger. En réalité, Michèle a fait sa petite enquête : ils sont en proche banlieue.

« Je ne veux plus entendre parler d'eux, confesse-t-elle. Je ne les poursuivrai pas. Ils ont déjà foutu en l'air sept années de ma vie, alors ça suffit ! »

Michèle a tiré les enseignements de son chemin de croix : « L'administration est injuste. Je n'ai eu qu'un seul tort, c'est d'obéir aux injonctions qui m'étaient faites de quitter les lieux. J'aurais dû me comporter comme les locataires : m'en foutre et ne rien faire. Surtout, j'ai compris que la justice est incapable de jouer son rôle. Si je n'avais pas alerté la presse, je coucherais sous les ponts avec mes trois enfants. »

Epilogue

Michèle a retrouvé un travail et sa sérénité. Elle a aussi créé une association, le Comité des petits propriétaires, pour aider les nombreuses personnes qui, comme elle, ne peuvent, malgré la justice, récupérer le toit dont elles sont propriétaires.

Les premiers dossiers arrivés sur son bureau sont de poids. D'abord celui de Catherine, d'origine iranienne, qui possédait un appartement et qui, chômeuse en fin de droits, ne pouvait le récupérer. Catherine a passé trois ans à dormir dans le métro. Après des mois de combat et l'intervention de l'association, Catherine a récupéré son bien, mais les locataires sont partis en laissant une ardoise de 150 000 francs. Pour payer la facture, Catherine devra vendre son appartement dans les prochains mois. Le second dossier est celui de Solène, une jeune mère de 29 ans qui possédait un studio à Saint-Ouen. Un jour, elle a obtenu un logement social par les services de sa commune. Elle a donc décidé de louer son studio. Après quelques mois, son locataire a cessé de lui verser les 2 000 francs de loyer. Elle s'est rendue sur place et a découvert un couple de Maliens. L'explication est simple : le locataire se faisait passer, aux yeux des Maliens, pour le propriétaire des lieux et encaissait chaque mois les loyers... Solène est au RMI et ne peut s'offrir un avocat. L'avocat commis d'office n'a rien fait. Ses dettes s'accumulent. Sans le revenu mensuel du studio, elle ne peut payer les mensualités de son prêt au Comptoir des entrepreneurs. Michèle et son association ont pris le dossier en main.

Le couloir de bus tarit la pompe

Quand une administration, petite ou grande (une commune, un département, l'Etat, EDF, la SNCF, etc.), décide des grands travaux, elle demande au préfet de diligenter une « enquête d'utilité publique ». Un commissaire enquêteur est nommé. Il dispose d'un mois pour faire son rapport. En théorie, les riverains et les personnes concernées peuvent venir faire part de leurs doléances. Dans les faits, comme personne ne connaît la marche à suivre et que l'immense majorité des citoyens est dans l'ignorance du projet, les enquêtes sont favorables à l'administration.

Elie, un juif d'Afrique du Nord, est un personnage truculent et généreux comme le cinéma aime les croquer. Petit, vif, l'œil brillant, il semble sorti d'un film d'Alexandre Arcady. Derrière son côté hâbleur se cache en réalité un homme anxieux, obsédé par le « bien faire » et la peur de l'échec. Plus que tout autre, Elie est attaché à son rôle de père et d'époux. Protéger sa famille, permettre à ses enfants de faire les études qu'il n'a pas faites, c'est le rôle qu'il s'est assigné.

En 1983, Elie rêve de trouver à Paris un commerce. Après quelques mois de recherche, il débusque une petite station-service rue de La Chapelle, au nord de la capitale, à quelques centaines de mètres de la bretelle d'accès de l'autoroute du Nord. L'affaire est minuscule : un réduit de 10 mètres carés et deux pompes à essence disposées, comme autrefois, sur le trottoir. Elie contracte un prêt, achète l'affaire et s'installe. Il comprend qu'il va falloir développer des trésors d'imagination pour attirer le badaud. En effet, malgré un emplacement convenable son affaire présente des inconvénients : le local exigu ne permet pas une activité de diversification comme la confiserie, la vente de sandwichs ou de produits d'entretien pour la voiture ; les véhicules ne bénéficient d'aucun dégagement pour s'arrêter, ils doivent se mettre en « warnings » sur la chaussée. C'est ainsi que l'on procède depuis des années, et l'avenue est assez large pour permettre le passage de plusieurs files de véhicules. Elie fait le pari de devenir le vendeur d'essence le moins cher de la capitale. En quelques semaines, il y parvient. Lui, l'indépendant ! Sa station n'est pas luxueuse, il est seul à y travailler, il n'a donc pas de frais de fonctionnement élevés. Les initiés et les taxis viennent se fournir chez lui. Le bouche à oreille fonctionne et, grâce au volume important de carburant qu'il écoule chaque jour, Elie parvient à tirer son épingle du jeu. L'affaire devient rentable en quelques mois. La société en nom propre dégage chaque mois un bénéfice moyen de 25 000 francs. Au bout d'un an, Elie décide de fabriquer des plaques minéralogiques. L'idée est bonne. Mme Haddad rejoint rapidement son mari : elle travaille à la caisse. L'affaire prospère.

Un lundi de l'hiver 1987, il est à peine 6 heures du matin et Elie travaille derrière son minuscule bureau. Il fait ses comptes, passe des commandes de carburant. Les heures s'écoulent : 8 heures, 9, 10... Comment se fait-il qu'aucun client n'ait pointé son nez ? Habituellement, le lundi matin c'est le rush. Les taxis commencent la semaine et se ruent chez lui. Elie sort sur le pas de sa porte. Un bus passe sous son nez, puis un second, immédiatement après un troisième. Des bus ici ? Elie ne comprend pas. La circulation ne ressemble pas à celle des autres jours. Il remarque alors, tracée sur le sol à quelques mètres de ses pieds, une épaisse bande blanche, fraîchement peinte : la voie de circulation qui passe devant sa station-service est désormais exclusivement réservée aux bus. Aucune voiture ne peut s'arrêter sans bloquer le trafic. Ce jour-là, Elie ne sert personne, ni le lendemain d'ailleurs. Un mois passe et le revenu habituel de la station-service se trouve divisé par dix. Les listings pétroliers qui indiquent les litrages de carburant vendu passent de 90 000 à 7 000 litres par mois.

Elie se renseigne, appelle la mairie de Paris. Il apprend que cette voie a fait l'objet d'une déclaration d'utilité publique. Elie ne comprend pas :

– Utilité publique ? Mais elle n'a aucune utilité pour moi. On ne m'a rien demandé. On ne m'a pas consulté.

Les services de la voirie acceptent de se rendre chez Elie et constatent le préjudice. Ils proposent des solutions :

– On pourrait vous indemniser... Ou alors pourquoi ne pas vous installer un peu plus haut dans l'avenue, là où il existe un décrochement qui permettrait à vos clients de s'arrêter ? Ou alors on fabrique un décrochement ici.

Elie ne sait que demander, mais il est rassuré. Courant 1991, il élabore un projet de transfert de sa station-service vers la porte de La Chapelle et se met en quête des autorisations nécessaires. L'administration a entendu son appel de détresse, elle va s'occuper de son cas. La direction de la voirie et des déplacements est, il est vrai, d'autant plus vigilante que quelques journaux viennent de découvrir l'histoire du pompiste. Pourtant, les années passent sans que personne fasse rien de concret. Jean-Pierre Pierre-Bloch, élu de l'arrondissement, soutient Elie, fait pression auprès de l'administration... sans résultat.

Un beau matin de 1996, la direction de la voirie annonce enfin à Elie qu'elle s'apprête à créer deux places de stationnement devant sa station-service. Il explose de joie, embrasse sa femme qui attend leur troisième enfant. C'est la fin des ennuis. Hélas ! La liesse familale ne dure pas. Les places de parking sont implantées sur l'avenue... vingt mètres avant la station-service ! Ces travaux, financés à hauteur de 500 000 francs par les contribuables parisiens, ne permettent pas à Elie d'aller ravitailler en carburant d'hypothétiques clients qui auraient l'idée de s'arrêter vingt mètres avant la station-service. Plus grave : la réglementation sur les flexibles de caoutchouc des pompes à essence fixe une longueur maximale autorisée nettement en dessous de la distance entre le parking et la pompe à essence ! L'affaire paraît donc mal engagée. Elie proteste.

Les services de la voirie ne répondent plus aux appels de celui qu'ils considèrent comme un gêneur. La presse a d'autres chats à fouetter. Joseph, le troisième fils d'Elie, vient de naître et son père doit rembourser 4 000 francs par mois pour l'achat de la station-service, le loyer de son quatre-pièces dans le 20e arrondissement s'élève à 6 500 francs. Les revenus de la station ne dépassent guère les 3 000 ou 4 000 francs. Alors Elie repart au combat. Il rencontre des députés, écrit au président de la République, trouve un avocat qui accepte de le défendre gratuitement. Rien n'y fait. On le reçoit, on s'émeut de son histoire, on promet d'écrire. En vain.

Le commerce ne vaut plus rien, la voie de bus en a fait une affaire invendable. Désespéré, Elie attend « son indemnisation ». Il rêve de remonter une affaire porte de La Chapelle, à quelques centaines de mètres de son implantation. Les services de la voirie, à l'époque où ils acceptaient le dialogue, lui avaient proposé cette solution. Il obtient même l'autorisation d'exploiter cette station auprès du service des concessions à la porte de Vanves. Oui mais, sans indemnisation comment investir ? Aucune banque n'accepte de s'engager et la mairie de Paris refuse de consentir une aide financière à celui qu'elle a ruiné.

Le 2 octobre 1997, l'ingénieur en chef à la direction de la voirie et des déplacements, cinquième section territoriale, adresse une lettre de deux pages au pompiste ruiné. En voici le texte : « Suite à notre réunion du 11 mars 1997 à laquelle participait M. Jean-Pierre Pierre-Bloch, conseiller de Paris, M. Lambolley, directeur de la voirie et des déplacements, j'ai l'honneur de porter à votre connaissance les avis des différents services et concessionnaires, ainsi que ceux de la préfecture de police et de la brigade des sapeurs-pompiers que j'ai consultés sur la base du projet que vous avez établi en 1991. A partir des réponses ci-jointes, il vous appartient d'élaborer le projet de construction d'une station-service rue de La Chapelle en tenant compte des différentes observations mentionnées ci-après. »

Elie jubile. Au terme de dix années de combat, il a gagné. Il attaque la seconde page de la lettre : « En préalable à la construction de votre nouvelle station-service, vous devrez régler : 20 000 francs à la DPJEV, 368 000 francs à la RATP pour le déplacement d'un abribus, 22 555 francs à EDF pour une modification de tracé de câble, 500 000 francs aux services de la voirie pour regoudronner les abords de la station. »

Cette fois, Elie est vraiment abattu. Après l'avoir ruiné, l'administration lui réclame 910 500 francs pour le réinstaller. Curieux dédommagement ! A cette somme viennent s'ajouter les 2 millions de francs nécessaires pour l'installation elle-même.

Epilogue

Elie est toujours dans sa petite station-service. Il lui arrive de faire deux ou trois paires de plaques minéralogiques par jour. Il vend encore de l'essence à quelques habitués qui prennent le risque de garer leur voiture, tous clignotants en alerte, dans la voie des bus.

Il ne comprend rien à cet « intérêt collectif » qui va bientôt faire de lui un SDF. Car les HLM de la Ville de Paris ont été clairs : il sera expulsé faute d'avoir payé ses loyers depuis six mois.

La main dans le POS

Dans l'impasse Garibaldi à Saint-Maur-des-Fossés (Val-de-Marne) est située une ancienne manufacture de briques. Rachetée par un promoteur, réhabilitée et revendue lot par lot à des artisans, à des entreprises et à des particuliers, la zone commence à se repeupler. D'ailleurs, à quelques mètres de l'ancienne usine réhabilitée se trouve une école primaire. Le quartier reprend vie.

En 1994, Catherine tombe sous le charme de l'impasse. Le promoteur lui propose de visiter un appartement à vendre. L'emplacement lui plaît. Pour cette hôtesse de l'air, Saint-Maur-des-Fossés n'est pas loin de l'aéroport Charles-de-Gaulle, et surtout elle craque pour la surface et les volumes. Bien sûr l'ensemble est un peu décrépit et mal réparti, mais Catherine aime le design, la décoration. Elle sait que si elle achète ces 90 mètres carrés, elle pourra en faire l'appartement de ses rêves.

Après quelques semaines d'hésitation, Catherine, qui économise depuis plus de dix ans, va voir son banquier et obtient le financement nécessaire. Elle est radieuse. Séduisante et charmeuse, l'hôtesse de l'air n'en est pas moins tatillonne. Elle décortique tout : la promesse de vente, l'acte de vente de l'appartement, le formulaire de déclaration d'intention d'aliénation de l'appartement. Puisqu'elle engloutit ses économies et s'endette pour des années, pas question de pécher par insouciance ou légèreté. Après ces sages vérifications, tout lui semble normal.

Comme dans toute transaction de ce genre, une DIA, déclaration d'intention d'aliénation, est établie, autrement dit un document administratif décrivant l'appartement et ayant pour but de permettre au maire d'exercer son droit de préemption sur le lot mis en vente. Catherine retient son souffle... La mairie ne préempte pas. Plus rien ne peut donc s'opposer à la transaction. Le 30 août 1994, un notaire réalise la vente.

Catherine s'installe. Elle refait la cuisine, agrandit la salle de bains, casse une chambre pour créer un vaste séjour. Elle fait poser du parquet. En quelques semaines, grâce à son goût, les lieux sont transfigurés. Le rez-de-chaussée de l'ancienne usine désaffectée est devenu un appartement de standing. A côté, un jeune architecte s'est installé. Catherine coule des jours heureux dans son impasse. Elle rembourse régulièrement ses emprunts et paie sa taxe d'habitation. Deux ans s'écoulent.

Fin 1996, un courrier étrange de la mairie de Saint-Maur-des-Fossés annonce à Catherine : « Vous n'avez pas le droit d'habiter impasse Garibaldi. Le lot que vous avez acheté est un local commercial et non d'habitation. Ces locaux ne doivent pas changer d'affectation. Ils doivent rester conformes au plan d'occupation des sols. Si vous persistez à utiliser ces locaux commerciaux à des fins d'habitation, nous nous verrions dans l'obligation d'en référer à la justice. » Catherine ne comprend pas. Elle vérifie l'acte de vente. Il est bien inscrit qu'elle a acheté un local à usage d'habitation. Catherine contacte la mairie. On lui annonce que le promoteur était au courant, depuis le 18 octobre 1994, que les locaux devaient conserver un usage professionnel. Le 18 octobre 1994 ? Un mois et demi après la vente donc. Pendant les deux années qui ont suivi, le promoteur n'a rien dit, laissant Catherine réaliser d'importants travaux.

Révoltée, elle essaie de contacter ce promoteur mais il est toujours en rendez-vous. Quand, après avoir fait le siège de son bureau, elle parvient à le rencontrer, l'homme bredouille de confuses explications. Quelques jours plus tard, Catherine reçoit un procès-verbal de la mairie pour « infraction à la législation et à la réglementation de l'urbanisme ».

Qui a arnaqué Catherine ? Le vendeur qui a réalisé une bonne affaire et se lave désormais les mains de ce qui peut arriver ? Le notaire qui a officialisé une vente illicite ? Autre question cruciale : la mairie de Saint-Maur-des-Fossés, qui a perçu la taxe d'habitation pendant deux ans, qui a été informée de l'affectation du local avant même la vente de l'appartement grâce à la fameuse DIA, n'a-t-elle pas, de ce fait, accepté qu'il s'agissait d'un local d'habitation ? Les employés du service du contentieux se défendront en invoquant le fait que les services de la taxe d'habitation ne sont pas au même étage que ceux du contentieux, ni au même niveau que ceux des DIA, et qu'il était par conséquent impossible de recouper les informations !

Catherine en appelle au notaire. Un officier ministériel n'a pu faire une bourde aussi grossière. Après tout, les notaires clament depuis des années qu'ils ne sont pas des machines à tamponner des actes. Ils ont une obligation de conseil vis-à-vis de leurs clients. Le notaire se défausse : il n'y est pour rien, il ne pouvait pas deviner ! Le problème en cas de litige c'est que les autorités se retournent vers l'acquéreur. Pour la mairie de Saint-Maur le coupable est Catherine. Les autorités municipales déposent plainte contre la jeune femme pour la faire expulser au plus vite. Catherine panique. Son appartement, désormais local commercial, n'est plus vendable. Son banquier commence à tiquer. Saint-Maur est une ville de taille moyenne et il a eu vent de l'affaire. Il écrit à Catherine : « Vous avez obtenu un prêt avec un taux avantageux grâce à votre plan d'épargne-logement. Il s'agissait donc d'acheter une surface à habiter et non un local commercial. Maintenant, nous allons devoir reconsidérer votre situation. Malgré votre apparente bonne foi, nous ne pouvons créer de précédent. »

La mairie ne veut rien savoir. Une infraction au POS (plan d'occupation des sols) a été commise, elle estime qu'il est du devoir du maire d'attaquer. Curieuse manière de gérer. D'autant que, dans la région parisienne, les modifications dérogatoires des POS sont légion. Les plans d'occupation des sols ont souvent été établis il y a vingt ou trente ans, ils sont inappliqués, inapplicables, désuets et couramment transgressés. Les maires doivent régulariser ce genre de situation. A Paris, il existe de moins en moins d'appartements et de plus en plus de bureaux. La mairie convertit chaque année, à la demande de ses administrés, des centaines de lots commerciaux en surfaces d'habitation. Une simple signature suffit. Les édiles de Saint-Maur-des-Fossés, eux, ne veulent pas entendre parler d'un quelconque aménagement.

Epilogue

Catherine sera certainement condamnée à quitter l'impasse Garibaldi. Reçue par un collaborateur du maire, elle a plaidé sa cause. A la fin le jeune homme lui a lancé : « Arrêtez d'argumenter, ici nous sommes incorruptibles ! » Catherine serait donc la corruptrice... Quant au promoteur, il ne sera pas inquiété, pas plus que le notaire. Ainsi, pour la mairie de Saint-Maur, justice sera faite.

La groupie du pianiste

Tout commence par un voyage en famille aux Baléares en 1993. Annick tenait, cet été-là, à récompenser sa fille Douchka pour son excellent résultat au bac C : mention bien à 17 ans ! La maman et la jeune fille partent donc quinze jours à Palma de Majorque. Elles séjournent dans un luxueux hôtel. Douchka se plaît beaucoup sous le soleil d'Espagne. C'est une petite adolescente menue, blonde et réservée, portant une longue queue de cheval. Tout en elle respire la gravité, le sérieux. Jusqu'à ses goûts musicaux : elle préfère Haendel au rap et joue du violoncelle depuis des années. Elle fait la connaissance de Carlos, le pianiste de l'hôtel. Il est beau, a 22 ans et sort du conservatoire de musique de Madrid. Ils échangent un premier baiser la veille du retour de Douchka à Bordeaux. Le lendemain, Carlos accompagne Annick et sa fille à l'aéroport de Palma. Tous les parents d'adolescents ont connu ces fins de vacances difficiles, les baisers passionnés en salle d'embarquement, les mains que l'on presse, les promesses échangées, les larmes.

De retour à Bordeaux, Douchka reprend le violoncelle et commence ses études de médecine. Mais elle a la tête ailleurs. Aux Baléares. Elle écrit de longues lettres enflammées à Carlos. Logiquement Douchka est recalée. Le petit prodige ne veut plus entendre parler de médecine. « Erreur d'aiguillage », sourit-elle. Elle veut devenir interprète. Elle parle déjà couramment l'italien, l'anglais et l'allemand, il lui faut maîtriser l'espagnol. Douchka supplie Annick de la laisser partir aux Baléares, comme jeune fille au pair, l'année suivante. Annick n'est pas dupe, mais sa fille, trop longtemps studieuse, a besoin de vivre son histoire d'amour jusqu'à son terme. Elle est majeure depuis trois semaines, il n'est donc pas question de la retenir.

Annick téléphone à une agence de placement, trouve une famille sérieuse. Le père est un jeune cardiologue et Douchka devra s'occuper des deux enfants de septembre 1994 à juin 1995.

Les premiers mois se déroulent sans problème. Douchka écrit à sa mère chaque semaine. Elle lui apprend que son histoire d'amour avec Carlos est finie depuis octobre. Annick sourit. Un jeudi soir, quelques semaines avant les fêtes de Noël, Annick reçoit deux coups de téléphone inquiétants. La famille d'accueil l'informe que Douchka n'est pas rentrée depuis trois soirs. « Je ne voulais pas vous alerter inutilement, mais maintenant nous sommes très inquiets, précise, dans un français parfait, le cardiologue. Elle est partie avec ses affaires. Elle avait beaucoup changé ces derniers temps. » Quelques minutes plus tard, c'est la directrice de l'agence de jeunes filles au pair qui appelle : « Votre fille est étrange depuis plusieurs semaines. Plus personne ne la reconnaît. Elle ne suit plus ses cours d'espagnol. Elle a changé de tenues. Elle porte des minijupes, se maquille beaucoup, rentre tard. Il lui arrive même de découcher sans prévenir. Elle refuse de garder les enfants le soir. Nous ne pouvons continuer. » Annick fond en pleurs. Elle connaît sa fille et a du mal à concevoir que Douchka puisse manquer ainsi à ses obligations. Même pour un garçon. Depuis trois semaines, sa fille ne lui a ni téléphoné ni écrit.

Le vendredi soir, à 21 heures, Annick se rend au commissariat de police. Elle explique que sa fille a disparu. Elle voudrait entrer en contact avec la police espagnole. L'inspecteur semble inquiet.

– Palma est une véritable plaque tournante de la drogue. En plus c'est un port empli de soldats américains. C'est une ville assez dangereuse. Laissez-moi un portrait de votre fille, je vais tout de suite alerter nos collègues du commissariat central à Palma.

Annick revient une demi-heure plus tard avec une photo de Douchka. L'inspecteur jette un œil sur le visage angélique puis demande :

– Quel âge a-t-elle ?

– 18 ans depuis quelques mois.

L'inspecteur se redresse.

– Dans ce cas, je suis désolé. Votre fille est majeure et libre de ne pas vous donner de nouvelles. C'est la loi. Nous ne pouvons rien tenter pour la retrouver.

L'inspecteur raccompagne poliment Annick, interloquée, à la porte du commissariat.

– Mais si je n'ai plus de nouvelles ? Si elle a vraiment disparu ?

– Nous ne pouvons rien faire sauf si vous nous prouvez qu'elle est effectivement séquestrée. Là nous ferons intervenir Interpol ou nos collègues de Palma.

Annick attend. Chaque soir elle appelle les Baléares : pas de nouvelles. Pas de courrier non plus dans la boîte aux lettres. Quinze jours plus tard Annick atterrit à Palma de Majorque. Elle a réservé pour trois nuits. C'est court, mais elle espère retrouver rapidement sa fille. Annick est divorcée, âgée de 49 ans, et elle dirige une maison de retraite à quelques kilomètres de Bordeaux. Elle doit être lundi soir en Gironde.

« Grâce au ciel, raconte-t-elle, Carlos était là. C'est même la première personne que j'ai aperçue en entrant à l'hôtel. Il jouait sur un grand piano à queue pour quelques touristes couche-tard. Nous avons bu un verre ensemble. Il était au courant de la disparition de Douchka. Il était aussi inquiet que moi. Nous avons pleuré ensemble. Puis il m'a expliqué qu'elle l'avait quitté, en octobre, pour un Français d'une quarantaine d'années connu pour se livrer au trafic de drogue. Il avait essayé de la mettre en garde, mais Douchka était étrange, hagarde. Elle avait refusé de lui parler, comme si elle ne l'avait pas reconnu. » Carlos ne sait rien de plus, sinon que c'est vers les HLM qui surplombent le port que le dealer doit habiter, et qu'il s'agit d'un gitan qui circule dans une vieille R5 turbo, avec des vitres noires. Maigres indices.

En compagnie de la directrice de l'agence de jeunes filles au pair, Annick s'enfonce dans le quartier infect, délabré. Les habitants sont chaleureux.

Deux commerçants reconnaissent Douchka sur la photo que leur tend Annick.

– Elle habitait ici ces derniers temps. Elle venait même régulièrement faire ses courses. Toujours seule. Je ne l'ai pas vue depuis deux ou trois jours. Peut-être plus...

Le samedi soir, vers 23 heures, Annick regagne sa chambre d'hôtel, fourbue. Elle est à peine couchée que le téléphone retentit. Une belle voix grave, parlant français avec l'accent du Midi, lui dit :

– Ecoutez bien : il faut que vous laissiez votre fille tranquille. Elle ne veut plus vous voir. Si vous continuez vos recherches, je n'hésiterai pas à venir vous rendre visite à Bordeaux. Chez vous ou à la maison de retraite. Et ça pourrait aller très mal pour votre petite santé.

Annick l'interrompt :

– Laissez-moi juste parler à ma fille. Je veux savoir si elle va bien. Si c'est le cas je rentre...

Pour seule réponse, Annick entend la tonalité du téléphone. L'homme a raccroché.

Le lundi matin à 9 heures, Annick se rend au consulat de France. Le consul accepte de la recevoir. Il écoute le récit mais conclut.

– Votre fille n'a pas porté plainte. Nous ne pouvons rien faire sur votre initiative. Nous ne pouvons pas la rechercher. Imaginez que nous lancions la police derrière chaque citoyen qui ne donne pas de nouvelles à ses parents : il n'y aurait pas assez de policiers sur la planète ! Votre seule solution serait de porter plainte contre votre soi-disant dealer, encore faudrait-il que vous connaissiez son nom...

Et même dans ce cas, rien ne prouve que votre fille reste avec lui contre son gré.

Le lundi après-midi, Annick rentre à Bordeaux pour transmettre provisoirement la direction de la maison de retraite à son adjoint. Elle prend ses cinq semaines de vacances annuelles et repart pour les Baléares dès le mercredi.

Pendant ce temps, le cardialogue chez qui travaillait Douchka a pris de bonnes initiatives. Il est entré en contact avec un des meilleurs détectives de l'île, un grand moustachu, d'aspect apathique. Cet ancien flic a gardé des contacts dans la magistrature et dans la police. Le cardiologue, terriblement affecté par la disparition de la jeune fille qui était sous sa responsabilité, paiera la moitié des honoraires.

– Puisque votre police, puisque notre police, et puisque les autorités consulaires ne veulent rien faire, nous prouverons nous-mêmes que votre fille est victime d'un malfrat. Nous ferons l'enquête à nos frais. C'est la façon la plus efficace d'aider Douchka ! dit-il à Annick.

Rapidement, cette stratégie s'avère payante. En deux jours, grâce à ses appuis dans la police, le détective retrouve la voiture noire. Elle est immatriculée dans l'Hérault. Elle appartient à un Français de 41 ans qui, officiellement, n'a pas de domicile à Palma. Un Français ? C'est certainement, celui qui a menacé Annick au téléphone. Si sa voiture est encore à Palma c'est donc que Douchka est toujours sur l'île. De fait, le détective ne tarde guère à localiser le Français. Il vit dans une grande maison, un peu à l'écart de la ville. Déception ! Les voisins sont formels : les volets verts sont fermés depuis trois jours et les locataires partis définitivement. Annick, qui s'est rendue sur les lieux avec le détective, sort de son sac la photo de sa fille.

– Oui, c'est bien la jeune fille. Une Française nommée Yessi. On ne la voyait pas beaucoup, mais c'est bien elle. Il n'y a pas beaucoup de jeunes filles blondes ici, en dehors de la saison estivale.

Yessi ? Pourquoi ce prénom ?

De son côté, le détective fait son rapport.

– J'ai trouvé une piste : un prospectus qui vante les mérites d'une société qui organise des spectacles, réalise aussi des films. Il s'agit d'une société française dirigée par l'homme que nous cherchons.

Les oiseaux semblent, dans l'immédiat, envolés.

C'est le cardiologue qui relance l'enquête. Il déboule un matin à l'hôtel d'Annick, très gêné.

– Je vais peut-être vous choquer... J'ai longtemps hésité avant de vous en parler, mais regardez ce que j'ai trouvé dans ma boîte aux lettres ce matin.

Le médecin tend un journal d'annonces gratuites ouvert à une page d'annonces érotiques. Une des annonces est entourée au stylo à bille vert : « Yessy, niña francesa, 18 años. Tel. 24 horas » (« Yessi, fille française, 18 ans... »). Yessi ? C'est le prénom donné par les voisins de la grande maison aux volets verts lorsque la photo de Douchka leur a été soumise. Douchka prostituée ? Annick ne peut y croire. C'est l'associé du détective qui ira fouiner autour du bar où travaille Douchka. Il s'agit d'une maison close comme il en existait en France avant-guerre : une tenancière accueille les clients, les dirige vers des salons capitonnés où ces dames patientent en babillant. Ensuite, on monte à l'étage... Rien à voir avec un bar à entraîneuses tels qu'ils fonctionnent en France. Le journal en poche, l'associé du détective demande à rencontrer la fille de l'annonce. Quelques minutes plus tard, une jeune femme descend le petit escalier en colimaçon. Elle a l'air triste, timide. Le pseudo-client ne la reconnaît pas tout de suite. Bien entendu, il ne dit rien à la jeune fille, surtout pas qu'il travaille pour sa mère.

Il lui rend visite régulièrement, deux fois par semaine, essaie de comprendre sa vie... Ses jours sont-ils en danger ? Est-elle là de son plein gré ? Est-elle menacée, droguée ? Il n'est pas question qu'il se livre à un acte sexuel avec la fille de sa cliente. Il se fait donc passer pour un homme terriblement affecté par la mort de sa femme et qui cherche simplement de la compagnie. Dès le premier jour, son rapport accable Annick :

– Douchka a les yeux gonflés, des ecchymoses sur les bras, dans le cou, sur les jambes. On dirait qu'elle a dix ans de plus que sur la photo. Elle a des cernes sous les yeux. Et le pourtour de son œil droit est très jaune, comme si elle avait reçu un coup voici plusieurs jours. Par ailleurs elle refuse le dialogue et reste prostrée. Elle a l'air hébété. J'ai immédiatement eu l'impression qu'elle était droguée. Un pressentiment confirmé par les multiples traces de seringue que j'ai pu voir à l'intérieur de ses deux bras, traces qu'elle ne cherche même pas à cacher. Elle portait une robe à carreaux rouges et blancs, comme les petites filles.

Pendant ce temps l'enquête continue. Certes Annick veut soustraire au plus vite sa fille à cet enfer, mais sans l'appui de la police cela risque d'être difficile. Elle ignore en outre quelle sera la réaction de Douchka. La police ? Annick la contacte à nouveau mais se heurte à une nouvelle fin de non-recevoir. Un inspecteur principal lui rétorque :

– Votre fille est libre de se livrer à des activités de prostitution si elle ne racole pas sur la voie publique.

Annick doit, jusqu'au bout, se substituer aux autorités de police. En interrogeant d'anciennes prostituées, le détective apprend que le proxénète aborde ses victimes sur la plage, en leur promettant de les faire jouer dans des films. Il les invite dans un luxueux appartement, leur fait goûter à l'héroïne, au crack, et les amène doucement à une consommation quotidienne. Certaines craquent et s'en vont. D'autres, plus faibles, plus jeunes, deviennent ses esclaves et acceptent de travailler pour lui. Les anciennes prostituées décrivent le Français comme violent et graissant la patte de la police locale. Il n'est propriétaire d'aucun bar et se charge simplement de recruter les filles, de passer des annonces dans la presse gratuite, et de prendre sa commission sur les passes. Les filles les plus rentables partent en Allemagne. On ne les revoit jamais.

Le détective découvre également que l'homme est recherché en Suisse pour escroquerie. Après avoir créé une société bidon, il avait recruté, par annonce, des dizaines de jeunes gens désireux de devenir acteurs. Coût de l'inscription : environ 5 000 francs français. Il s'est enfui avec plus de soixante chèques, trois jours avant la date d'ouverture de son très virtuel centre de formation...

L'homme est aussi recherché en France pour un attentat à la pudeur.

– Désormais, il y a assez de pièces dans le dossier pour aller voir un juge, affirme le cardiologue.

Toute l'équipe est d'accord. Faut-il se tourner vers un magistrat français ou espagnol ? Un événement précipite le choix. L'associé du détective a rencontré Douchka la veille. Elle lui a dit : « Nous ne nous verrons plus, je dois partir à l'étranger. » Elle doit se rendre dans huit jours à Francfort.

Le soir même, Annick réunit quelques affaires et s'apprête à partir à Béziers, ville où a eu lieu l'attentat à la pudeur, afin de rencontrer un magistrat. Elle s'apprête à claquer la porte de sa chambre quand le téléphone sonne :

– Allô salope !

Annick frissonne. Elle reconnaît la voix. Elle enclenche un petit magnétophone.

– Je t'avais dit d'arrêter de m'emmerder. Fallait pas continuer à fourrer ton nez dans mes affaires. Je sais que tu paies un détective. C'est dommage car tu ne reverras plus ta fille... Quant à moi, je vais venir faire un petit tour à Bordeaux pour m'occuper de toi, espèce de sale petite merde...

Le lendemain Annick est reçue par un magistrat français. Le juge est sidéré par l'immobilisme de la police.

– C'est scandaleux. Je vais demander un mandat de recherche international et, surtout, je vais transmettre un dossier à mes confrères espagnols afin qu'ils arrêtent ce fou dangereux.

Deux jours plus tard, le proxénète est arrêté à l'aéroport de Palma par la police espagnole. Il était en compagnie de deux jeunes Françaises, Douchka et Véronique, âgées de 18 ans. Tous les trois étaient munis d'un billet d'avion pour Francfort, via Barcelone. Quelques minutes plus tard, Douchka est raccompagnée par la police à l'hôtel où l'attend sa mère. Quand Douchka entre dans la chambre, encadrée par deux policiers, elle a le regard perdu, les yeux enfiévrés. Elle ne reconnaît pas sa mère.

Epilogue

Grâce à son enquête – Annick a dépensé 42 000 francs pour retrouver sa fille –, les polices française et espagnole ont arrêté huit proxénètes : deux Allemands, deux Français et quatre Espagnols. Ils ont démantelé un réseau de prostitution basé à Palma de Majorque, qui utilisait de toutes jeunes filles en les droguant. Une série de perquisitions menées en Espagne et à Francfort ont permis de retrouver douze jeunes femmes ; trois d'entre elles avaient été contaminées par le sida.

Trois ans après ce cauchemar, Douchka est toujours à l'hôpital psychiatrique. Quant à son souteneur, il est en liberté...

Chaque année, en France, plusieurs milliers de personnes disparaissent. Si la loi permet de mobiliser la police rapidement pour retrouver les mineurs, il en va tout autrement pour les personnes majeures. On pourrait dire que la loi française permet plus facilement de retrouver une personne qui ne paie pas ses contraventions qu'un individu séquestré par un réseau de proxénètes. Cette incongruité législative est d'autant plus tragique que rares sont les familles qui ont le temps et les moyens de mener elles-mêmes une enquête. Or, sans la ténacité et la persévérance d'Annick, douze jeunes femmes seraient encore détenues. L'Etat français ne saurait s'en remettre aux initiatives privées pour retrouver les nombreuses personnes qui, chaque année, disparaissent et dont la moitié seulement sont retrouvées dans les trois ans.

Combien de verres dans une bouteille ?

Marco a 32 ans lorsqu'il met fin à ses jours, le 7 juin 1990. Le jeune homme, qui ne buvait jamais d'alcool, a avalé une boîte de somnifères et bu une bouteille de whisky. « Pourquoi ? » C'est la question que tout le monde s'est posée après la mort de ce jeune Méridional à qui tout souriait.

Quelques mois plus tôt, en contemplant son bébé, Marco ne peut s'empêcher de sourire, fier de sa progéniture. Il a alors tout lieu d'être satisfait. « Le Gentleman » est une vraie réussite. Lorsqu'il a racheté ce petit dancing, en 1986, ce n'était qu'un modeste « parquet » où les sexagénaires des villages entre Narbonne et Béziers aimaient se retrouver le samedi soir pour danser le tango et la valse au rythme d'un orchestre local. L'endroit était franchement *has been* et la clientèle s'amenuisait. « Le Gentleman » était, à l'époque, une espèce de construction provisoire.

Marco n'a pas acheté l'affaire très cher, mais il n'a qu'un but : en faire une des grandes discothèques de la région. La préfecture, informée des projets de Marco, lui adresse un courrier afin de demander une mise en conformité du bâtiment. Marco n'est pas homme à enclencher un projet sans avoir des garanties financières. Il répond donc qu'il a obtenu les crédits bancaires lui permettant de réaliser les transformations nécessaires. Et quelles transformations ! Après six mois de gros œuvre, « Le Gentleman » nouveau n'a plus grand-chose à voir avec la gargote d'hier : un parking de mille places, trois pistes de danse, une salle de billard, la cabine du disc-jockey qui s'élève au-dessus de la piste grâce à un puissant vérin... Mille clients les petits soirs, deux mille lorsque la boîte fait le plein. Dix-sept employés. Quatre millions de francs d'investissements, prêtés pour moitié par un grand organisme bancaire et pour l'autre par le père de Marco, un ancien médecin généraliste à la retraite, qui n'a pas hésité à vendre l'appartement qu'il possédait à Paris.

« Le Gentleman » est installé en rase campagne. Pas question d'ouvrir en semaine. Marco a décidé de ne faire fonctionner sa discothèque que les week-ends, les vendredis et samedis soirs pour être plus précis. Après un an et demi d'exploitation, le pari est gagné. « Le Gentleman » draine les jeunes noctambules de la région. L'argent rentre plus vite que prévu, plus abondamment. Sensibilisé par les problèmes de l'alcoolémie chez les jeunes, Marco met sur pied un système de navette qui ramène les jeunes fêtards chez eux pour leur éviter de prendre la route en quittant sa boîte de nuit.

Pourquoi ce geste funeste du 7 juin 1990 ? « Marco était un garçon joyeux, gai, franc, pas du tout le prototype du patron de discothèque voyou, explique son père. Au contraire, il était même un peu naïf en affaires, un peu rêveur. Quand il s'est suicidé, cela faisait plusieurs semaines qu'il était sombre. Il nous avait parlé d'un contrôle fiscal. Mais il était tellement droit que ça ne m'avait pas inquiété. J'étais certain que ça se passerait bien. » Pourtant il faut faire face. Le médecin retraité, âgé de 66 ans, et son épouse reprennent l'affaire. Rapidement, ils comprennent que le redressement fiscal dont leur fils faisait l'objet ne se passait pas si bien. Ils retrouvent une lettre datée de la veille du suicide de Marco, émanant de la direction départementale des impôts, réclamant 2,5 millions de francs pour la discothèque et 1,3 million à titre personnel pour Marco. Les parents ont la certitude que l'administration s'est trompée.

L'ancien médecin devient gérant de la société qui exploite « Le Gentleman ». Avec sa femme, ils décident de faire la lumière sur ce dossier. « Rapidement, racontent les parents de Marco, nous avons compris que la devise de l'administration fiscale était : “ Redresse ton contribuable, si tu ne sais pas pourquoi, lui, il le sait. ” »

Le père de Marco rencontre le vérificateur du fisc. Il apprend que le redressement porte sur les trois années précédentes : 1987, 1988, 1989. Le vérificateur reconnaît que « Le Gentleman » présente une comptabilité saine. Le combat fiscal porte sur les questions suivantes : combien peut-on mettre de coupes de champagne dans une bouteille ? Combien y a-t-il de verres de whisky dans une bouteille de J&B ? C'est sur ces bases que reposent les 3,8 millions de redressement !

Le vérificateur ayant appris la mort de Marco n'a pas un mot pour son père. Il semble en revanche très intéressé par la 205 commerciale aux couleurs du « Gentleman ».

– Comment faites-vous vos courses pour la discothèque ?

– C'est très simple : lorsque je quitte la discothèque, la veille des courses hebdomadaires, ma femme rentre avec notre voiture à notre domicile de Narbonne et je rentre avec la 205. Dès le lendemain je suis à pied d'œuvre, à 9 heures, dans l'hypermarché où je fais les achats du week-end pour la boîte de nuit... avec notre 205 !

– C'est illégal. Je vais le consigner dans mon rapport. Vous devez quitter votre domicile avec votre voiture personnelle, venir chercher la 205 à la discothèque le matin des courses, laisser votre voiture sur le parking, et revenir faire vos achats à Narbonne.

Le vérificateur décide de vérifier tous les tickets d'entrée de la discothèque depuis 1987.

– Mais cela fait plus de trois cent mille !

– J'ai dit que je voulais vérifier vos tickets d'entrée !

Les deux hommes descendent dans un local situé sous « Le Gentleman » où sont entreposés des dizaines de cartons : toute la billetterie de la discothèque depuis son rachat par Marco, en 1986. Le vérificateur y passera deux semaines. Au terme de son examen, il se rend soudain, en plein milieu d'après-midi, dans le bureau du père de Marco, interrompt un rendez-vous avec un fournisseur et, brandissant victorieux son bloc-notes, s'écrie :

– Il manque trois tickets d'entrée sur l'année 1988 !

Cette fois, la coupe est pleine ! Comment ce petit homme peut-il gesticuler pour signaler l'absence de trois billets à 50 francs sur une comptabilité de plus de trois cent mille tickets ? Le père ne peut s'empêcher d'imaginer le calvaire de son fils.

Pendant quelques semaines, le vérificateur disparaît. Si on ne le voit plus la journée, on le croise chaque week-end dans la discothèque, allant et venant du bar à la piste de danse. Il observe, furète... Un soir, vers 22 heures, peu avant l'ouverture, il téléphone. Il semble vouloir réviser ses exigences à la baisse.

– Je veux bien convenir que 4 millions de francs, c'est un peu sévère. Je vous propose de transiger à 700 000 francs. Vous venez me payer 700 000 francs à la trésorerie lundi matin et j'efface tout !

Le médecin retraité est clair :

– Je vous paierai tout ce que je vous dois. Et comme je ne vous dois rien et que vos calculs sur le nombre de verres dans une bouteille sont fantaisistes, je prouverai que vous avez tort, et vous ne récolterez pas un sou sur « Le Gentleman ».

Le jeune vérificateur, âgé de 30 ans à peine, perd son sang-froid.

– Je sais où est votre argent ! Il est dans un coffre chez vous. Je vais venir !

Dès le lundi suivant, sur les conseils d'un ami, le père de Marco contacte un grand cabinet d'analyse comptable. Avec trois experts, il décide de reprendre point par point toute la comptabilité du « Gentleman ». Le plan de guerre s'enclenche. Il fait constater par des huissiers et des représentants de la profession qu'une bouteille de champagne vendue au « Gentleman » ne contient pas huit coupes à 10 centilitres comme le prétend le vérificateur dans son rapport de redressement, mais bien cinq coupes, puisque les verres du « Gentleman » ont toujours eu une contenance de 15 centilitres. Il démontre que dans tout établissement de nuit, il faut compter sur une perte s'élevant entre 5 et 10 %, correspondant aux bouteilles cassées et aux verres offerts aux invités.

Après quelques semaines de travail, les documents rassemblés, les rapports et les témoignages confondent l'administration fiscale.

Epilogue

Le père de Marco passe devant la commission départementale des impôts. Après avoir examiné le dossier de l'ancien médecin, le juge le condamne à payer... 8 000 francs à l'administration fiscale : le propriétaire du « Gentleman » n'avait pas déclaré à l'administration fiscale deux nouveaux « emplois jeunes » dont les charges avaient été déduites fiscalement.

V.

Qu'importe l'individu, seul le pouvoir compte

Le clandestin légal

Lorsqu'il arrive en France en 1989, Ali est un étudiant talentueux. Il a quitté l'université d'Alger avec une maîtrise de biologie et de solides recommandations pour ses futurs professeurs français. Il ambitionne de devenir « chercheur clinique » et de tester les nouvelles molécules qui soigneront, demain, les malades du sida. La recherche clinique consiste à observer les effets des médicaments sur un échantillon de patients. Il faut les suivre pour vérifier si les thérapeutiques sont efficaces, recenser les effets secondaires. Au vu des résultats, les médicaments sont mis ou non sur le marché, leur posologie est adaptée. La recherche clinique constitue donc une étape essentielle entre la mise au point d'une thérapie et sa diffusion.

Ali est un bosseur et, dès les premières semaines de cours, il suscite l'admiration de ses professeurs. Il obtient ses diplômes de pharmacologie et de méthodologie d'évaluation thérapeutique. Il devient même formateur d'assistants de recherche clinique. Dans chacun des stages qu'il accomplit en milieu hospitalier ou dans un laboratoire de recherche, il laisse le souvenir d'un étudiant passionné.

Côté administratif, Ali pense avoir la paix. Il est étranger et entend le rester. Il n'est pas en France pour profiter de l'Etat-providence. A la fin de chaque année universitaire, il se rend à la sous-préfecture d'Antony, son lieu de résidence, pour faire renouveler son titre de séjour étudiant, valable un an. Or, le 1er décembre 1994, le fonctionnaire du bureau des étrangers fait objection.

– Vous voulez un permis de séjour pour l'année prochaine, mais ce n'est pas possible. Vous n'avez pas obtenu le diplôme de l'année dernière. Vous devez justifier d'une progression normale d'une année sur l'autre pour que l'on vous accorde un renouvellement de séjour, sinon il faut rentrer en Algérie.

Ali ne comprend pas. Comme chaque année, il est venu avec son attestation provisoire de diplôme délivrée par l'université. Le diplôme définitif n'est établi que près d'un an après son obtention. En pareil cas, l'attestation a valeur de diplôme, elle le remplace provisoirement dans les démarches administratives. La sous-préfecture d'Antony ne veut rien entendre. Ali est terrassé. Il est à moins d'un an de la fin de ses études et plusieurs hôpitaux et laboratoires sont disposés à l'embaucher. La situation est d'autant plus inextricable qu'Ali ne peut se permettre de rentrer en Algérie. D'abord parce qu'au fil des années il est devenu, comme il le souhaitait, expert dans les thérapeutiques contre le virus du sida, et seuls la France ou les Etats-Unis peuvent lui fournir du travail ; ensuite parce que l'Algérie connaît des troubles graves et qu'il deviendrait une cible des islamistes ; enfin – paramètre non négligeable – Ali vient d'épouser Sonia, une Française aux yeux pervenche, chercheuse dans un laboratoire pharmaceutique.

L'administration française n'aime pas les situations compliquées. Elle sait appliquer les règles, même quand elles sont injustes ou incohérentes, mais elle est incapable de faire montre de discernement entre des textes contradictoires. Le dossier devient ubuesque. Compte tenu de la décision de la sous-préfecture d'Antony, Ali se retrouve en situation irrégulière, une sorte de clandestin. Mais, en tant que conjoint d'une Française, les autorités ne peuvent l'expulser ! Les fonctionnaires de la sous-préfecture d'Antony ont un concept étrange : le clandestin légal.

Quelques jours après le refus opposé à la demande d'Ali, Sonia est convoquée. Le rendez-vous est pénible, humiliant. Elle est clairement soupçonnée d'avoir accepté un mariage blanc. Elle fournit des photos, des souvenirs, des lettres d'amour datant de plusieurs années. Le fonctionnaire s'en moque :

– Tout ça a très bien pu être fabriqué !

Ali se rend une nouvelle fois à Antony. Il explique qu'il n'est pas français et ne souhaite pas obtenir la nationalité française. Il veut simplement terminer sa dernière année d'études, qui mettra un terme à cinq ans de travaux, de cours et de stages. Il tend une nouvelle fois son diplôme provisoire.

– C'est un document officiel. Tout le monde l'utilise. Il fait foi. Croyez-moi ! Appelez mon université.

– Pas de diplôme, pas de renouvellement de séjour, rétorque placidement le fonctionnaire.

Lorsque Ali annonce la nouvelle à ses collègues de l'Institut Pasteur, c'est l'émotion. Le professeur chef de service écrit à la sous-préfecture pour indiquer qu'Ali est important au bon déroulement de ses travaux : « Nous pensons qu'il s'agit probablement d'une erreur administrative. S'il advenait qu'il ne puisse pas assurer la totalité de son stage comme prévu, et poursuivre la carrière commencée, cette décision aurait des conséquences désastreuses. » Des sommités médicales se mobilisent. Un célèbre laboratoire pharmaceutique envoie même un courrier pour dire qu'il s'apprête à embaucher Ali comme attaché de recherche clinique.

Rien ne fait plier la sous-préfecture. Ali obtient son diplôme définitif, vient le présenter. Le fonctionnaire refuse de prendre en compte ce nouvel élément.

Epilogue

En 1996, Ali et Sonia déménagent. Ils quittent Antony pour L'Haÿ-les-Roses. C'est donc dans cette sous-préfecture que les démarches en vue d'une régularisation du titre de séjour se poursuivent. A l'appel de son numéro, Ali se présente au guichet. Une dame, qui n'a pas l'air commode, consulte lentement, patiemment, les documents. Cinq minutes plus tard, Ali sort de la sous-préfecture avec son titre de séjour étudiant renouvelé !

Les charmes du remembrement

Grand bonhomme blond d'une quarantaine d'années, Marcel est un Breton paisible. Il cultive ses champs en Ille-et-Vilaine, une terre qui a nourri ses ancêtres avant lui, et qui le fait vivre à son tour ainsi que sa femme et leurs deux enfants. Depuis quelques semaines, dans le canton, les esprits s'échauffent. On remembre ! Officiellement, on réorganise les exploitations agricoles afin d'aménager des territoires viables pour les prochaines générations d'agriculteurs. Louable objectif. Sur le terrain cela se traduit par des décisions arbitraires. On prend une parcelle de terre à Paul pour la donner à Pierre et on essaie de compenser en attribuant à Paul une surface équivalente. Inutile de dire que cette redistribution ne plaît pas à tous. Certains agriculteurs accusent les commissions de partialité, prétendent que les syndicalistes sont avantagés. Marcel, lui, suit d'assez loin les travaux des commissions de remembrement. Sa propriété est pratiquement d'un seul tenant, elle a donc peu de chances d'être remodelée par les autorités.

Pourtant, un jour, il est informé qu'on souhaite

le déposséder d'une parcelle de trois hectares juste derrière sa ferme, une parcelle qui englobe sa cour, son puits et l'accès à un chemin. De telle sorte que Marcel, en se rendant le matin à l'étable, ne serait plus chez lui. Une farce ? La cour de sa ferme donnée à un autre !

Il adresse un premier courrier à la commission de remembrement en expliquant qu'il s'oppose catégoriquement à cette opération. Marcel fait valoir que l'utilisation quotidienne du chemin lui est nécessaire pour aller travailler. La commission reste sur sa position, mais pour calmer Marcel elle décale le tracé du chemin afin de lui permettre d'aller travailler sans passer chez le voisin. Il fera chaque jour un détour de plusieurs centaines de mètres. Pour l'essentiel elle confirme sa décision d'attribuer les terres à un membre du syndicat qui les lorgnait depuis des années.

L'agriculteur discret sollicite l'aide d'un avocat. Il est un peu tard, mais ils attaquent la commission. Par chance, le tribunal administratif découvre un vice de forme. La commission est intervenue sur la commune de Michel alors que le remembrement concerne la commune voisine. La commission n'est pas à un obstacle près. Elle comble rapidement ce vide juridique en étendant sa procédure et notifie à nouveau sa décision à Marcel, un lundi matin. Cette fois, la décision est exécutoire.

La direction départementale de l'agriculture décide, dès le mardi 8 heures du matin, d'accélérer les événements.

– Marcel, viens voir ! Il y a des gendarmes dans la cour de la ferme et des « bulls » qui commencent à arracher nos haies.

La femme de Marcel s'apprêtait à aller chercher de l'eau au puits. Elle reste interdite sur le pas de la porte. En contrebas, les bulldozers se mettent en route sous haute protection. Marcel accourt. Il observe, la main en visière, et dénombre une bonne vingtaine de gendarmes, le maire du village et un représentant de la direction départementale de l'agriculture. Il n'y a pas une seconde à perdre !

Marcel se rue sur le téléphone. Il appelle quelques amis sûrs, des agriculteurs du village et des bourgs voisins, eux aussi décidés à ne pas se laisser manipuler abusivement. Très vite les renforts arrivent sur le théâtre des opérations. Ils sont une bonne trentaine. Les invectives fusent. Marcel va se placer devant un des bulls qui n'a d'autre choix que d'interrompre son travail. Les gendarmes se font de plus en plus menaçants. Ils contiennent le groupe d'agriculteurs. Marcel s'allonge devant la machine. Le chantier s'interrompt.

Après quelques minutes de réflexion, le maire fait venir le médecin de la commune. Marcel est emmené de force par quatre gendarmes dans une fourgonnette où le médecin l'ausculte sommairement puis va rendre compte au maire. Quelques secondes après, le premier magistrat a pris sa décision : en qualité d'officier de police judiciaire, et après examen médical, il appelle une ambulance et fait interner Marcel à l'hôpital psychiatrique de Rennes. Le certificat d'internement est édifiant : « Je soussigné... certifie avoir ausculté Marcel... ce jour et avoir constaté un état d'agitation. De plus cette personne déclare vouloir se tuer après avoir tué d'autres personnes. Ces faits attestent que le malade doit être placé dans un établissement spécialisé. »

Marcel est un agriculteur de l'Ouest élevé dans la tradition catholique. Il n'est pas homme à faire des chantages au suicide ou à menacer une assemblée d'une arme. D'ailleurs, personne ce jour-là n'était armé, en dehors des gendarmes bien entendu. On apprendra plus tard qu'aucun des témoins de la scène, qu'il s'agisse des ouvriers, de la famille et des amis de Marcel ou des gendarmes, ne l'a entendu menacer de se suicider et encore moins proférer des menaces de mort.

Que faire quand le maire d'une commune décide de vous faire interner avec un avis médical officiel ? Heureusement pour Marcel, la famille, les associations et les paysans du canton se mobilisent. Plusieurs dizaines de proches se rendent à la mairie pour dénoncer cette « décision administrative abusive, et cette violation des droits de l'homme ». Le maire reste de glace. Il répond au micro d'une radio rennaise : « J'ai pris mes responsabilités. Cet homme empêchait la force publique d'entamer des travaux. Il s'est énervé, des menaces contre des biens et des personnes ont été proférées. Ce que j'ai fait est normal. »

La journée passe, puis la nuit. L'épouse de Marcel trouve l'attente un peu longue. Dès le lendemain de l'internement, une centaine de personnes se rendent à l'hôpital psychiatrique afin d'exiger la libération de Marcel. L'affaire commence à faire du bruit. Les journalistes accourent. De Rennes d'abord, puis de Paris, de Londres, et même de Tokyo et de New York ! La « French democracy » est brocardée par un journal américain.

La femme et les deux enfants de l'agriculteur sont enfin autorisés à le rencontrer. Marcel est « cassé ». « Dans l'ambulance, confie-t-il, j'ai parcouru soixante kilomètres attaché et couché sur le ventre. Ils m'ont fait des piqûres et m'ont fait avaler des cachets qui assomment et enlèvent toute volonté. Cette nuit, j'ai dormi à même le carrelage dans une chambre sans lit. Je veux sortir. »

L'agitation médiatique précipite les décisions. Le chef de service de l'hôpital affirme que l'internement de l'agriculteur est « injustifié ». Le médecin de la DDASS (direction départementale des affaires sanitaires et sociales) confirme. S'appuyant sur ces deux rapports, le préfet d'Ille-et-Vilaine lève la mesure d'internement trente heures après son exécution.

Epilogue

Marcel est sorti de l'hôpital psychiatrique. A son retour à la ferme, les travaux étaient quasiment achevés. Le maire s'est représenté aux élections municipales et a été réélu. Il n'a jamais été inquiété pour cet internement abusif.

Après quelques mois de procédure, Marcel a tout de même obtenu de conserver la propriété de son puits. Pour s'y rendre, il devait traverser les champs de son voisin. Celui-ci a refusé. Les autorités ont donc construit un chemin de 800 mètres qui permet à Marcel d'utiliser son puits, à condition de ne plus franchir les 50 mètres de naguère. Marcel parcourt donc ces 800 mètres une dizaine de fois par jour !

Le téléphone n'est pas toujours rose

Stéphane habite dans le centre de la France. Depuis deux ans, il est comptable dans une entreprise qui, depuis plus d'un siècle, fabrique des accordéons. C'est un garçon sérieux, souriant, doux, qui ne sait jamais où mettre les deux gigantesques battoirs qui lui servent de mains. Stéphane aurait dû faire du basket, mais le sport ne le passionne pas. Son truc, ce sont les maquettes. Le pavillon qu'il a acheté déborde de modèles réduits en tous genres : avions, voitures anciennes, bateaux de guerre, voiliers. Des maquettes superbes qu'il refuse de vendre malgré les sollicitations des passionnés de la région. Depuis peu, il s'est attaqué à la construction d'une goélette anglaise du XVIIe siècle sur la base de plans d'époque qu'il s'est procurés au musée de la Marine.

Stéphane est une espèce de grand échalas qui a grandi trop vite. Il tient les comptes de la famille sur son ordinateur et déborde d'amour pour sa femme et son tout jeune fils, Arthur. Il gagne 8 000 francs par mois, mais ça suffit. D'autant que Noémie, sa jeune épouse, est assistante de direction dans un cabinet médical à deux pas de la maison. Tous les deux mois, depuis qu'ils vivent ensemble, les jeunes époux reçoivent une facture de téléphone qui oscille entre 600 et 800 francs. Après paiement – Stéphane a opté pour le prélèvement automatique –, Noémie range méthodiquement les factures dans un classeur.

Un jour de février 1996, la facture de France Télécom s'élève à 9 000 francs. Stéphane n'y croit pas. Le soir, il trouve l'erreur tellement grossière qu'il en plaisante. Les jeunes époux se rendent le lendemain matin à leur agence. Après vérification, leur interlocuteur affirme qu'il ne saurait s'agir d'une erreur. Une note détaillée est établie qui fait apparaître des centaines d'appels destinés à des messageries érotiques, des jeux sur Minitel... Le couple rit jaune et Stéphane, face à la détermination des agents de France Télécom, commence à regarder son épouse de travers. Certes, les appels ont été passés pendant les heures de bureau de Noémie, mais elle a des horaires libres et, travaillant à quelques mètres de chez elle, revient plusieurs fois par jour à son domicile. Peu à peu le doute s'installe. Noémie trouve cette suspicion indécente et déplacée.

Que faire ? France Télécom ne désarme pas et envoie des lettres de relance. Mais comment le jeune couple pourrait-il payer une telle somme ? Ils fournissent des certificats des employeurs de Stéphane et de Noémie attestant qu'aux heures où on les accuse de s'amuser avec le Minitel ils étaient au bureau. Quant au petit Arthur, âgé de six mois, il est gardé chez sa baby-sitter qui ne possède pas les clés du pavillon. Personne, en dehors de Noémie et de Stéphane, ne possède un double des clés. L'administration ne veut rien savoir. Pire, la facture suivante s'élève à 11 000 francs ! Stéphane est catastrophé. Il sollicite le médiateur interne de France Télécom. Après quelques semaines d'attente, celui-ci accepte de le recevoir à Paris. Pour la première fois, Stéphane évoque la possibilité d'un piratage de sa ligne téléphonique.

– Si c'était un voisin, ou n'importe quel abonné, qui utilisait notre ligne à sa guise... Ou même un agent de vos services ?

– C'est techniquement impossible.

Stéphane est terrassé. Il voudrait faire couper la ligne mais, avec le petit Arthur à la maison, ce n'est guère prudent. Le médiateur sourit et confie qu'il a déjà été confronté à ce genre de problème.

– Les maris viennent me voir en vociférant, en criant au scandale, à l'injustice, puis au bout de quelques semaines ils se rendent compte que c'est un gosse ou leur épouse qui passe ses journées sur le Minitel en cachette.

Il conseille à Stéphane de surveiller son épouse d'un peu plus près et se lance dans une vaste explication technique afin de démontrer que le piratage de ligne n'existe pas.

A la maison, l'atmosphère devient irrespirable. Stéphane interdit à sa femme d'utiliser le téléphone. Il le met sous clé. Il va voir son banquier et sollicite un prêt pour financer les notes de téléphone. Mais, avec l'achat du pavillon, le couple a atteint la limite. Stéphane essuie un refus. Il se tourne vers ses parents qui acceptent de lui avancer la moitié de la somme et l'invitent à surveiller sa femme. Cette fois, Stéphane accuse ouvertement Noémie.

C'en est trop. Noémie avait épousé un homme serein, doux, attentionné, il est devenu soupçonneux. Elle ne peut plus vivre ainsi. Les soupçons de son mari la blessent. Elle s'en va en emmenant Arthur. Elle rentre chez ses parents, à quelques kilomètres, laissant une lettre où elle supplie Stéphane de retrouver la raison.

Les semaines passent. Une nouvelle note de téléphone arrive : 8 900 francs ! Cette fois Stéphane comprend : ses doutes infondés, ses soupçons ridicules, l'insupportable pression qui a pesé sur la jeune femme. Il se documente, contacte des associations d'usagers du téléphone, et découvre enfin ce que France Télécom refuse d'avouer : le piratage téléphonique est une réalité. Stéphane n'est plus seul. France Télécom connaît de nombreux problèmes analogues et a dû renvoyer plusieurs de ses employés qui, entre midi et 14 heures, pendant la pause déjeuner, se connectaient sur des lignes d'abonnés pour jouer sur Minitel ou dialoguer sur les messageries roses. Les indélicats salariés de France Télécom ont laissé une ardoise de plus de 1 million de francs !

Epilogue

Heureusement pour Stéphane et Noémie, leur malentendu n'a pas duré.

Stéphane attend avec impatience l'arrivée sur le marché de nouveaux opérateurs privés. Il a juré qu'il ne reprendrait jamais un abonnement à

France Télécom. Il n'a donc plus le téléphone. Grâce à l'association de victimes, il a obtenu un nouveau rendez-vous avec le médiateur interne de la société. Si elle décide de ne pas faire payer les factures de téléphone à un client floué, France Télécom évoque simplement un « geste commercial » destiné à apaiser le client mécontent.

Quand l'Etat vit du trafic de drogue

En 1992, un petit passeur de drogue est interpellé par la brigade des douanes de Wattrelos alors qu'il traverse en voiture la ville de Hem. Il ramène dans son véhicule 400 grammes de résine de cannabis et 10 grammes d'héroïne. Travaillant pour un réseau organisé, Antoine, 25 ans, a l'habitude de s'approvisionner en Hollande et de revendre les stupéfiants à des leaders du Pas-de-Calais. Dans la foulée, la police arrête plusieurs membres du réseau : neuf personnes dont le chef, deux commanditaires, un passeur, un revendeur en gros et quatre dealers. Antoine est jugé, condamné et emprisonné à la maison d'arrêt de Douai. Le jeune livreur est loin d'être le cerveau de la bande, aussi la justice fait-elle acte de clémence : trois années de prison.

Le 22 novembre 1993, le détenu voit entrer dans sa cellule deux hommes cravatés, impeccablement sanglés dans leurs costumes de flanelle. Ils se présentent poliment. Ils sont, l'un et l'autre, inspecteurs principaux des impôts. Ils s'assoient et commencent à questionner le prisonnier :

– Teniez-vous une comptabilité sur papier ou sur ordinateur ?

– J'étais chauffeur-livreur. Je travaillais pour une société de coursiers. J'étais salarié. Je ne tenais pas de comptabilité.

Finalement Antoine comprend que la direction départementale des impôts procède à un redressement fiscal sur le trafic de drogue auquel il se livre depuis deux ans ! Il répond docilement aux questions des contrôleurs.

Quelques semaines plus tard, il reçoit la notification de son redressement. Le document de six pages le laisse sans voix : « Vous avez exercé l'activité de négociant en produits stupéfiants en 1990 et 1991. Ceci constitue une activité professionnelle, passible de l'impôt sur le revenu dans la catégorie des bénéfices industriels et commerciaux en vertu des dispositions de l'article 34 du code général des impôts [1]. »

Antoine est sonné. Qui pourrait croire que l'Etat demande sa quote-part sur un trafic de cocaïne, d'héroïne ou de haschisch ? L'avocat d'Antoine refuse de le croire en dépit de trois appels téléphoniques. Le détenu devra lui faire parvenir la photocopie du redressement pour que ce juriste averti considère ce document avec sérieux. Dans sa notification, l'administration tente de rendre claire cette procédure inhabituelle. Elle ne cache pas qu'elle est entrée en possession des rapports de police qui précisent les quantités de drogue vendues par Antoine au cours des années 1990 et 1991. Dans un chapitre

1. Voir document p. 193.

intitulé « Reconstitution du chiffre d'affaires », elle indique au contribuable la logique suivie : « Les montants des recettes ont été reconstitués en fonction des quantités échangées. Vous avez reconnu avoir commercialisé sur le marché illicite des stupéfiants :

– 840 grammes d'héroïne,

– 190 grammes de cocaïne,

– 6 900 grammes de résine de cannabis. »

« C'est incroyable, commente l'avocat d'Antoine, quand l'Etat impose, il ne parle plus de trafic mais d'*activité de commerce de négociant en produits stupéfiants assujettie aux bénéfices industriels et commerciaux et à la TVA,* comme s'il s'agissait d'un banal commerce de voitures. » Un sénateur du Nord, interloqué, pose une question écrite : « Ce négoce est-il ouvert à tous à la condition d'une inscription au registre du commerce et des sociétés ? L'Etat envisage-t-il de faire bénéficier ce commerce des mesures prises en faveur de la création d'entreprises ou de la première embauche ? »

Il est vrai qu'une jurisprudence du Conseil d'Etat, datant de 1981, établit qu'« il n'y a pas lieu de réserver aux revenus provenant d'activités illégales un traitement plus favorable que celui qui est réservé aux revenus de sources licites ». Dans le cas d'Antoine, le fisc va plus loin :

« Votre consommation personnelle sur ces quantités est de :

En 1990 :

– 3 grammes de cannabis par semaine soit 156 grammes pour l'année.

– 1 gramme d'héroïne par mois, soit 12 grammes par an.

En 1991 :

– 3 grammes de cannabis par semaine (195 jours sur 360), soit 84,5 grammes, arrondis à 85 grammes.

– 7 grammes d'héroïne. »

Ainsi, afin de constituer l'assiette du contribuable Antoine, le fisc a reconstitué la consommation personnelle du jeune homme. Il l'a ensuite soustraite des bénéfices réalisés sur la vente de l'héroïne, de la cocaïne et du haschisch ! Après calcul, les douanes réclament à Antoine la somme de 306 000 francs sur les produits importés, le fisc se contentant pour sa part de 300 000 francs de redressement sur les bénéfices non déclarés. Au total, l'Etat réclame donc au détenu la somme de 606 000 francs d'impôts sur les bénéfices d'un trafic pour lequel il est en train de purger une peine.

L'affaire d'Antoine est un cas unique qui pose des questions graves :

1. D'abord, la morale autorise-t-elle l'Etat à taxer des activités illicites ?

2. Cette nouvelle arme répressive contre les trafiquants alourdit terriblement la peine d'un détenu qui a déjà été sanctionné par les tribunaux.

3. Antoine se retrouve endetté à vie. Il était smicard et il doit régler une dette de 606 000 francs. N'est-ce pas une incitation à la récidive ?

4. Pourquoi et sur quels critères les impôts ont-ils choisi de taxer un lampiste, alors que neuf personnes, dont le chef du réseau, sont « tombées » dans le même trafic sans que les impôts les aient inquiétées ?

Pour l'avocat d'Antoine, « l'Etat se comporte

comme un proxénète, jamais il n'aurait dû glisser vers ce genre de procédure douteuse ». Il peut, sur de telles bases, taxer ce qu'il veut. Un assassin qui touche de l'argent pour exécuter quelqu'un ? Il s'agit d'une prestation illicite. Pourquoi l'Etat ne redresserait-il pas le tueur ?

Epilogue

Antoine est sorti de prison courant 1996. Il a rapidement retrouvé un emploi de chauffeur-livreur dans une entreprise du Pas-de-Calais. « Maintenant que je suis libre, explique-t-il, ma deuxième peine commence. Elle durera beaucoup plus longtemps que la première. Sûrement jusqu'à la fin de mes jours. »

cerfa

N° 30-2820

Cachet du service expéditeur

DIRECTION GÉNÉRALE DES IMPÔTS

N° 3924

DIRECTION DES ...
DU NO...
4ème BRIGADE D...
DE VÉRIFICATI...
Hôtel d...
Avenue C...
59... ...
Tél. ...

NOTIFICATION DE REDRESSEMENTS

à la suite : – d'une vérification de comptabilité (1);
– d'un ~~examen contradictoire de l'ensemble de la situation fiscale personnelle (1).~~

Lettre
avec
A R

M [redacted]
Maison d'Arrêt de Douai
505 rue de Cuincy
59500 DOUAI

Le 26 12 1993

Vous avez fait l'objet d' (2) une vérification de comptabilité du 22.11.93 au 23.12.93. Ce contrôle a concerné la période du 1.01.90 au 31.12.92 et les opérations ou impôts ~~suivants~~ : susceptibles de relever de votre activité de négoce de stupéfiants

Je vous informe que l'administration envisage de modifier les éléments servant de base au calcul de certains impôts, droits et taxes (1) et de vous réclamer un complément d'impôt (1) pour les motifs exposés dans la présente lettre.

Vous disposez d'un délai de trente jours pour me faire parvenir votre acceptation ou vos observations. L'absence de réponse dans ce délai vaudra accord tacite de votre part.

J'appelle votre attention sur le fait que les droits résultant de ces redressements pourront, dans les conditions fixées par la loi, être assortis des sanctions fiscales dont le détail figure à la dernière page de la présente notification.

Vous avez la possibilité de vous faire assister par un conseil de votre choix (art. L. 54 B du livre des procédures fiscales).

La présente lettre comporte 12 feuillet(s), y compris celui-ci.

Veuillez agréer, ~~Madame~~, Monsieur, l'expression de mes sentiments les meilleurs.

L [redacted] des impôts,

Nom du signataire : M [redacted]

Nom et visa de l'inspecteur principal en cas de	
– répression d'un abus de droit	– sanctions exclusives de bonne foi

Me Jean-François CSIZMADIA
AVOCAT
5/1

N 3924 PAC Imprimerie Nationale I 443109 U 04 Novembre 1991

(1) Rayer les mentions inutiles.
(2) Compléter par la mention « une vérification de comptabilité » ou « un examen contradictoire de l'ensemble de la situation fiscale personnelle ».

1. Caractère de l'activité exercée:

Il ressort des documents transmis par la direction générale des douanes et droits indirects et rédigés le 15 Juillet 1991 (voir documents transmis en annexe), que vous avez exercé l'activité de négociant en produits stupéfiants en 1990 et 1991.

Ceci constitue une activité professionnelle, passible de l'impôt sur le revenu dans la catégorie des bénéfices industriels et commerciaux en vertu des dispositions de l'article 34 du Code Général des Impôts (C.G.I.).

En outre, les articles 256 et 256 A du C.G.I. rendent cette activité également passible de la Taxe sur la Valeur Ajoutée (T.V.A.) au taux normal sur la totalité du prix de vente.

2. Procédure suivie :

Les montants de recettes ont été reconstitués en fonction des quantités échangées (figurant sur le procés verbal du 15/07/1991) et des prix établis par nos bureaux.
Ainsi, vous relevez de plein droit du régime simplifié d'imposition tant en matière de bénéfices industriels et commerciaux qu'en matière de T.V.A. : Art. 302 septies A et 302 septies A bis du C.G.I.

Aucune déclaration de résultat n'ayant été souscrite dans les trentes jours d'une première mise en demeure (présentées et distribuées le 25/11/1993), vous vous trouvez en situation d'évaluation d'office pour les bénéfices industriels et commerciaux 1990 et 1991 (Art. L 73-1° du Livre des Procédures Fiscales : L.P.F.).
En matière de T.V.A., vous vous trouvez placé sous la procédure de taxation d'office (Art. L 66-3° du L.P.F.).
En matière d'impôt sur le revenu, ayant déposé les déclarations dans les délais, vous relevez de la procédure contradictoire pour 1990 et 1991 (Art. L 55 du L.P.F.).

Un avis de vérification de comptabilité vous a été adressé le 18/10/1993 (A.R. du 21/10/1993) au 4 Sentier du Laurier à WASQUEHAL, fixant la première intervention au 02 Novembre 1993 dans un lieu à votre convenance.
Suivant le procés-verbal qui vous a été adressé le 28/10/1993 (A.R. du 02/11/1993), il est établi que cette visite ne peut avoir lieu : vous n'habitiez plus à l'adresse citée plus haut.
Par un lettre du 02 Novembre 1993 (A.R. du 03/11/1993), vous faites savoir que vous désirez rencontrer l'Inspecteur des Impôts pour plus de précisions.
Une réponse datée du 16 Novembre 1993 vous est envoyée : elle fixe la première visite à la Maison d'Arrêt de DOUAI pour le 22 Novembre 1993. Ce jour-là, je me suis présenté à la prison, muni de ma commission et accompagné par MR. Francis COCHETEUX, Inspecteur Principal des Impôts.

N° INTER – Imprimerie Nationale 1 443122 O 64 – Novembre 1991

3. Reconstitution du Chiffre d'affaire :

La reconstitution du chiffre d'affaire est faite au vu des éléments que vous avez fournis à la Direction Générale des Douanes et Droits Indirects et qui sont reproduits sur procés verbal du 15 Juillet 1991.

Vous avez été arrêté par la Brigade des Douanes de WATTRELOS, rue Calmette à HEM à bord d'un véhicule en compagnie de MR. BILLION Didier.
Vous avez reconnu avoir commercialisé sur le marché illicite des stupéfiants :
* 840 grammes d'héroine;
* 190 grammes de cocaine;
* 6.900 grammes résine de cannabis.

Votre conssomation personnelle sur ces quantités est de :

En 1990 :
* 3 gr de cannabis par semaine :
  3 * 52 semaines = 156 gr pour l'année
* 1 gr d'héroine par mois :
  1 * 12 = 12 gr par an.

En 1991 : du 01.01 au 15.07

* Cannabis : 3gr * 52 * (195/360)
  = 84.5 gr arrondi à 85
* Héroine : 1*12*(195/360)
  = 6.5 gr arrondi à 7

Mᵉ Jean-François CSIZMADIA AVOCAT 517

Détail des quantités et des prix des marchandises vendues en 1990 et 1991 :

NATURE	POIDS EN GRAMMES	PRIX DE VENTE TOTAL	PRIX D'ACHAT TOTAL
Héroine	821	574.700	123.150
Cocaine	190	133.000	28.500
Résine de Cannabis	6.659	26.636	6.659
TOTAL		734.336	158.309

N INTER – Imprimerie Nationale 1 443122 U 64 – Novembre 1991

4. Taxes sur le Chiffre d'Affaires (TVA) :

La TVA se décompose comme suit :

1990 :

Recettes toutes taxes comprises : 734.336/2 = 367.168.F
Recettes Hors Taxe = 309.585.F
TVA collectée = 309.585 * 18.6% = 57.583.F
TVA DUE = 57.583.F

La TVA due est égale à la TVA collectée car il n'existe pas de TVA déductible : cette dernière ne figurant sur aucune facture.

Il en est de même pour :

1991 :

Recettes TTC = 367.168.F
Recettes HT = 309.585..F
TVA collectée = 57.583.F
TVA DUE = 57.583.F

Me Jean-François CSIZMADIA AVOCAT 514

5. Bénéfices Industriels et commerciaux :

Le bénéfice de chacune des années s'établit comme suit :

1990 :
Recettes HT : 309.585
- Achats : 158.309 / 2 = 79.154.5 arrondi à 79.155
+ Incidence du rappel TVA : 57.583
Bénéfice net = 288.013.F
Cascade TVA = 57.583
Résultat fiscal aprés cascade = 230.430.F

1991 :
Recettes HT : 309.585
- Achats : 79.155
+ Incidence rappel TVA : 57.583
Bénéfice net = 288.013.F
Cascade TVA = 57.583
Résultat fiscal aprés cascade = 230.430.F

6.Cascade TVA :

En application de l'article L 77 du L.P.F., les suppléments de taxes sur le chiffre d'affaires notifiés seront déduits des résultats pour l'assiette de l'impôt sur le revenu des années correspondantes.
Vous disposez d'un délai de trente jours pour me faire connaître votre intention de renoncer au bénéfice de cette disposition.
En tout état de cause, la prescription en matière d'impôt sur le revenu est interrompue à hauteur du montant des bénéfices indiqués au paragraphe 5. ci-dessus i.e. les montants notifiés avant cascade.

Nº INTER – Imprimerie Nationale 1 443122 O 64 – Novembre 1991

7. Incidence financière des redressements notifiés :

Les redressements opérés en matière de bénéfices industriels et commerciaux produisent directement effet pour la détermination du revenu global imposable en application de l'article L 54 du LPF.

1990 :
Revenu brut global : 281.452
Nombre de parts : 2.5
Droits simples : 66.385
Réduction d'impôt: 74
Minoration : 1989
Montant net à payer : 64.322.F

Impôt déjà payé : 0
Soit un rappel d'impôt pour l'année 1990 = 64.322.F

1991 :
Revenu brut global : 278.802
Nombre de parts : 2
Droits simples : 64.114
Réduction d'impôt : 552
Minoration : 1907
Total de l'imposition :61.655

Impôt déjà payé : 0
Soit un rappel d'impôt pour l'année 1991 = 61.655.F

8. Information sur les montants des droits, taxes et pénalités résultant des redressements notifiés :

8.1. Motivation des pénalités :

Il sera fait application de l'intérêt de retard de 0.75 % par mois défini aux articles 1727 et 1728 du C.G.I.
De plus les documents en matière de TVA n'ayant pas été déposés, il sera fait application de la majoration de 10 % (Art. 1728 1. du C.G.I.); les documents en matière de BIC n'ayant pas été déposés dans les 30 jours d'une première mise en demeure, il sera fait application de la majoration de 40% (Art. 1728 3. du CGI).

8.2. Montant des droits,taxes et pénalités :

ANNEE 1990 :

Impôt sur le revenu :

Intérêt de retard : point de départ : 01/07/1991
point d'arrivée : 31/12/1993
Nombre de mois : 30

N° INTER – Imprimerie Nationale 1 443122 O 64 – Novembre 1991

Taux de l'Intérêt de retard = 0.75 * 30 = 22.5%
Intérêt de retard = 64.322 * 22.5%
= 14.472.F

majoration :
64.322 * 40% = 25.728.F

T.V.A. :

Intérêt de retard : point de départ : 01/06/1991
Point d'arrivée : 31/12/1993
Nombre de mois : 31
Taux : 0.75 * 31 = 23.25%
Intérêt de retard = 57.583 * 23.25%
= 13.388.F

Majoration :
57.583 * 10% = 5.758.F

ANNEE 1991 :

Impôt sur le revenu :

Intérêt de retard :
point de départ : 01/07/1992
point d'arrivée : 31/12/1993
Nombre de mois : 18
Taux = 0.75 * 18 = 13.5%
Intérêt de retard = 61.655 * 13.5%
= 8.323.F

Me Jean-François CSIZMADIA AVOCAT

5/6

Majoration :
61.655 * 40% = 24.662.F

T.V.A.:

Intérêt de retard :
point de départ : 01/06/1992
point d'arrivée : 21/12/1993
nombre de mois : 19
Taux : 19 * 0.75 = 14.25%
Intérêt de retard = 57.583 * 14.25%
= 8.205.F

Majoration :
57.583 * 10% = 5.758.F

N° INTER - Imprimerie Nationale 1 443122 O 64 - Novembre 1991

Du danger de plonger au milieu des requins

Pierre est médecin généraliste à Paris. C'est un gentil, le genre de médecin qui ne prescrit jamais une tonne de médicaments, et qui, au lieu de vous plaindre, vous explique que vous n'êtes finalement pas très malade, que si vous gardez bon moral la maladie sera vaincue plus vite. Sa femme, Marina, travaille avec lui. Ils ont deux enfants. Officier pendant la guerre d'Algérie, Pierre a été blessé à l'épaule. Avec l'âge, il est sérieusement handicapé d'un bras. A l'approche des 60 ans il pense avoir mérité sa retraite.

Depuis 1965, Pierre est installé à Paris. Il compte revendre sa clientèle à un jeune confrère, afin de payer cette retraite, comme il est d'usage dans le métier. Hélas, l'immeuble où se trouve son cabinet change de vocation et devient exclusivement commercial. Impossible d'y exercer. Certes, Pierre pourra continuer à recevoir, mais il ne peut plus transmettre local et clientèle à un éventuel successeur. Un manque à gagner évident.

Deux ou trois ans avant la retraite, la pilule est dure à avaler.

C'est sans compter sur l'énergie de Marina. L'épouse découvre, en musardant dans le quartier, un complexe immobilier en construction, à deux minutes de chez eux. Pourquoi ne pas y transférer le cabinet ? Les patients suivraient et Pierre pourrait céder plus tard l'ensemble. A 58 ans, Pierre fonce. Il n'a pas le choix. Il vend sa voiture, emprunte 1,25 million de francs au taux de 10 % et achète un petit local à usage professionnel au premier étage de la résidence. Ce n'est pas Byzance, mais les 45 mètres carrés suffiront. Nous sommes en 1990 et l'immobilier coûte cher, la spéculation va bon train. Pierre achète son deux-pièces 30 000 francs le mètre carré. Il exige que son cabinet soit officiellement inscrit comme « local professionnel ». Le promoteur, émanation d'un géant de la construction, n'est pas du genre à s'embarrasser. Il casse la salle de bains initialement prévue pour transformer le local. Pierre, prudent, interroge : « Vous êtes certain d'avoir déposé à la mairie un plan modificatif qui indique la nouvelle vocation de ce deux-pièces en local d'activité ? » Bien sûr, lui répond-on. Pierre obtient une autorisation provisoire d'exercer. La clientèle suit le mouvement.

L'immeuble dans lequel il vient de s'installer a été construit dans la précipitation. Il comporte d'incroyables malfaçons et n'a rien de la résidence de standing vantée dans les prospectus. Les nouveaux copropriétaires s'en rendent compte rapidement : canalisations non conformes, conduites de gaz qui ne respectent pas les réglementations sur la sécurité, portes qui ne sont pas « coupe-feu », installation électrique non conforme, fenêtres non étanches, chaudières mal conçues et dangereuses... Marina est furieuse. A la demande des propriétaires elle prend le dossier en main et entreprend une action pour que le promoteur entame les travaux nécessaires à la mise en conformité du bâtiment. Elle fouille, elle tempête. Elle se rend au service des hypothèques, à la direction du logement et de la construction de la mairie de Paris, et découvre de véritables irrégularités :

– Le terrain sur lequel a été bâtie la résidence de soixante-six lots faisait l'objet d'une déclaration d'utilité publique. Il avait été vendu pour accueillir une école primaire et une HLM. Comment la mairie a-t-elle pu attribuer ce marché à un grand groupe sans se rendre compte que l'objet même de la construction avait changé ?

– Le responsable de la mairie de Paris qui a mené l'enquête parcellaire pour la vente du terrain porte le même nom que le gérant de la société qui a construit l'immeuble et le même nom que le gérant de la société qui a vendu les appartements. Coïncidence ?

– L'architecte qui a construit le bâtiment a annexé le local à vélos pour en faire une pièce supplémentaire de son appartement. Pourquoi le lui a-t-on donné ?

Lorsque le promoteur découvre que Marina s'entête dans son enquête, il lui propose, à l'issue d'une réunion de copropriété, 150 000 francs. Pierre s'énerve et répond : « Notre âme n'est pas à vendre. » L'année suivante, une autre personne propose 200 000 francs à Marina, toujours dans une réunion de copropriété, « à condition qu'elle arrête tout ». Marina répond simplement : « Je suis beaucoup plus chère que cela. » Elle va jusqu'au bout, et les travaux de mise aux normes de l'immeuble sont entrepris aux frais du promoteur. Montant total : environ 3 millions de francs.

Marina ne se tient pas pour quitte. Le dossier lui semble de plus en plus louche. De nombreux appartements, déclarés comme des logements, sont en réalité occupés en locaux professionnels. Un expert-comptable, des professions libérales y ont leurs bureaux, ces professionnels exercent donc dans l'illégalité. Elle demande que le promoteur dépose un nouveau permis modificatif afin que chacun puisse justifier de l'utilisation professionnelle de son lot. Le groupe, par l'intermédiaire de sa filiale, informe Marina de sa volonté de clarifier les choses auprès de la mairie. Elle n'en revient pas. « Eux qui semblaient tant me détester, les voilà devenus raisonnables. » Une réunion de copropriété se tient. Le promoteur informe les propriétaires de sa volonté de régulariser la situation de tous les lots.

– De tous les lots, ajoute-t-il, sauf du numéro 66.

Pierre et Marina sont stupéfaits : il s'agit de leur cabinet.

– Mais pourquoi nous ? interroge Marina. Ça n'a aucun sens !

– C'est comme ça, répond le promoteur. Le lot 66 ne figure pas à l'ordre du jour. Je l'ai décidé et ça ne changera pas. Vous n'y pouvez rien. Je suis le seul à pouvoir décider la régularisation des lots.

Le promoteur tient sa vengeance. Pierre sait ce

que cela signifie : pas de régularisation donc pas d'autorisation de vendre ses murs à un confrère. Il est condamné à ne pas prendre de retraite ! Malade, handicapé, il approche des 65 ans, mais doit travailler six jours sur sept pour rembourser son cabinet : 15 000 francs par mois. Quant aux assurances, pas question de compter sur elles quand vous empruntez à l'âge de 58 ans pour un local professionnel.

Marina ne supplie pas. Elle fait un effort et lâche en serrant les dents :

– Vous voulez vous venger. C'est scandaleux. Nous demanderons justice.

L'homme s'approche de l'épouse du médecin et sourit :

– Vous pouvez m'attaquer. Vous pouvez même gagner devant les tribunaux, mais j'irai en appel. Vous en aurez pour des années et des années. Et compte tenu de l'âge de votre mari et de son état de santé, je préjuge que vous abandonnerez avant moi.

Bien sûr la mairie pourrait, d'une signature, changer la situation. En dépit des multiples sollicitations, elle ne bouge pas. Marina doit payer pour avoir fouillé un peu trop dans les affaires de ce promoteur immobilier et de la mairie. Marina, désespérée, décide de se présenter aux élections municipales, comme candidate indépendante face au maire sortant. Elle ne recueille que quelques centaines de suffrages mais l'affaire fait du bruit. Sur un marché, alors qu'elle distribue des tracts, le maire d'arrondissement la croise et lui lance :

– Pourquoi avez-vous fait cela ? Pour m'ennuyer ?

Votre histoire sera bientôt réglée, ne vous en faites pas.

L'espoir ne dure pas. Une fois l'élection passée, la mairie refuse de les recevoir. Leurs appels restent sans réponse. La régularisation du cabinet tombe aux oubliettes.

Epilogue

Pierre continue ses consultations. Il est fatigué et perd chaque année des patients. Sa clientèle s'amenuise et son cabinet ne vaudra bientôt plus grand-chose. Un avocat, plus courageux et moins cupide que les autres, s'est ému de leur sort. Après avoir examiné le dossier il a simplement dit : « Quelle haine incroyable ces gens semblent vous vouer. » En quelques jours, il a débloqué une situation qui n'avançait plus depuis des années.

Marina continue de se battre. Elle vient de recevoir un coup de téléphone anonyme. La voix disait : « Arrête de te mêler de ce qui ne te regarde pas, ou on te fait la peau. »

Etrange lutte contre l'exclusion

A Orléans, par exemple, pour avoir contesté la validité d'un projet immobilier un habitant subit, depuis neuf ans, des tracasseries de la mairie. Mohamed a eu tous les ennuis possibles : juridiques, administratifs, économiques et, pour finir, la suspension de son unique ressource, le RMI.

En 1989, il conteste le projet d'agrandissement d'un hôtel qui dresse un mur sous ses fenêtres. La mairie semble insensible à ses arguties. Ce jeune chef d'entreprise décide de porter l'affaire devant les tribunaux. Par deux fois, ces derniers lui donnent raison au nom de la sécurité anti-incendie. Pourtant, le Conseil d'Etat rejette ses recours.

Entre-temps, la mairie prend une hypothèque sur sa maison car Mohamed est redevable d'une amende de... 2 000 francs ! En 1990, elle annule une importante commande de poubelles municipales, promises par écrit à l'entreprise de Mohamed. Du coup celle-ci s'effondre. Deux ans plus tard, Mohamed, ressortissant algérien, est sur le point d'obtenir sa naturalisation. Un courrier l'informe qu'elle est repoussée de deux ans. Le maire d'Orléans est alors secrétaire d'Etat chargé des collectivités locales.

Réduit au RMI, Mohamed est menacé de voir cette aide suspendue. Une action en justice est intentée contre lui, la mairie lui reprochant d'avoir tenu des propos insultants à l'égard du maire. On lui réclame 30 000 francs de dommages et intérêts, soit près d'une année de RMI ! En septembre 1997, l'adjointe aux affaires sociales lui retire son pécule de survie. L'administration s'oppose à la décision de la mairie, mais celle-ci fait appel, ce qui suspend le paiement du RMI alloué à Mohamed.

Epilogue

Le maire d'Orléans a été nommé secrétaire général de la fondation « Agir contre l'exclusion » présidée par Martine Aubry.

L’amour familial n’est pas une norme administrative

« Tant que je n’aurai pas mon petit-fils je ne serai pas heureuse. Alors je me battrai jusqu’au bout contre les institutions qui l’ont pris et le cachent depuis bientôt quatre ans. » A 76 ans, Françoise, mère de quatre enfants, a toujours rêvé d’avoir des petits-enfants mais elle n’a qu’un petit-fils dont elle est privée. Et pour longtemps !

Françoise habite un petit village en Seine-et-Marne. Son mari est cheminot à la retraite et militant communiste depuis plus de trente ans. Le 28 octobre 1997, le couple a fêté ses cinquante ans de mariage. Trois de leurs enfants étaient présents. Seule leur fille cadette, Eliane, ne s’était pas déplacée en dépit des trois messages laissés sur son répondeur téléphonique à Paris. Ce n’était pas une surprise.

Eliane est un peu le mouton noir de la famille, celle dont on parle en baissant la voix. Elle ne s’est jamais entendue avec ses frères et sa sœur, ni avec ses parents. Enfant sensible, elle est devenue fragile, a accumulé les dépressions. Elle fait de fréquents séjours dans un hôpital psychiatrique de la région parisienne. Alors que ses frères sont artisans et que sa sœur travaille comme caissière dans un hypermarché, Eliane a entamé des études de sociologie. Elle a rompu le contact avec la famille depuis cinq ans, après une dispute avec son père. Une dispute de plus...

Françoise est triste de cette situation et s'efforce de suivre les mouvements d'Eliane, ses déménagements, juste pour savoir si sa fille va bien, si elle est heureuse. Dans cet esprit, le 14 juillet 1994, Françoise, de passage à Paris, décide de rendre visite à Eliane dans le 14e arrondissement. Elle découvre que sa fille « n'habite plus à l'adresse indiquée ». Mais la gardienne se souvient de son ancienne locataire :

– Elle restait parfois prostrée deux ou trois jours sans mettre le nez dehors et puis elle se réveillait brutalement et écoutait très fort de la musique techno, toute seule, pendant des heures. Elle était un peu bizarre mais je l'aimais bien. Elle me rendait service et gardait mon fils pendant que je lavais les étages.

Françoise découvre, stupéfaite, que sa fille est hospitalisée depuis plus de trois mois. Inquiète, elle essaie d'en savoir plus. Où est-elle ? Qui s'occupe d'elle ? A-t-elle un petit ami ? La concierge va plus loin dans la confidence. Elle apprend à Françoise qu'en janvier 1993, soit un an et demi plus tôt, Eliane a accouché d'un petit Aurélien. Françoise s'effondre en larmes. Elle a donc un petit-fils. Seulement le petit Aurélien a été placé par la DDASS (Direction départementale de l'action sanitaire et sociale) dans une famille d'accueil, un mois après sa naissance.

De retour chez elle, Françoise, encore abasourdie, réunit la famille et annonce la nouvelle. Personne ne comprend. Comment l'administration a-t-elle pu placer Aurélien dans une famille d'accueil inconnue, sans rechercher les proches, tantes, oncles, grands-parents ? Si Eliane ne peut prendre en charge son fils, ses parents peuvent parfaitement se substituer à elle. Ils décident de contacter la DDASS. L'administration ne veut rien savoir. Aurélien a été placé en famille d'accueil depuis bientôt quinze mois, il ne faut pas le perturber. « On verra dans quelque années. »

Françoise exige de savoir où est Aurélien. On lui répond qu'il vit loin et que la DDASS n'est pas autorisée à donner l'adresse de la famille qui l'élève. Françoise ne comprend pas. Elle envoie une seconde lettre puis une troisième, avec, en filigrane, toujours la même question : est-il normal de ne pas avoir demandé aux proches de l'enfant s'ils souhaitaient le prendre en charge, avant de le proposer à une famille d'accueil rémunérée par l'administration et donc le contribuable ?

Les grands-parents font appel à un avocat. Le juriste est formel : d'après le code civil, personne ne peut s'opposer à des relations personnelles entre un enfant et ses grands-parents, sauf motif grave. C'est là que le bât blesse. L'administration considère que la mésentente entre Eliane et ses parents constitue un motif grave. Mais sur quels fondements a-t-elle établi qu'il était préférable qu'Aurélien ne connaisse pas ses grands-parents, sa tante, ses oncles, et plus tard ses futurs cousins ? Eliane ayant été déchue de ses droits parentaux, souffrant de troubles psychologiques profonds, n'aurait-il pas fallu se tourner, dans un premier temps, vers la famille naturelle ?

Après des mois de combat avec la DDASS, Françoise et son mari reçoivent l'autorisation de voir Aurélien. Enfin, de l'apercevoir. Quatre heures chaque mois. Pas n'importe où : dans un espace neutre, c'est-à-dire un parloir prévu à cet effet par l'administration ! Françoise fait le voyage, chaque mois. Et le courant passe entre cette mamie si douce et ce gamin timide et déraciné, qui ne comprend pas grand-chose à ce qui lui arrive.

Epilogue

Aurélien a près de 4 ans. La DDASS ne peut que constater qu'il aime sa grand-mère et que sa grand-mère l'aime, mais lorsque Françoise demande la garde de son petit-fils, on lui répond : « Il faut attendre. » Combien d'années encore ? Françoise a 76 ans et Aurélien n'a toujours pas pu lui rendre visite chez elle.

Une dépossession légale

Lorsque le nouveau maire de Houilles, dans les Yvelines, entre en fonction en 1989, il a pour ambition de rompre avec la politique de son prédécesseur communiste. Parmi les quartiers qu'il souhaite rénover, deux sont prioritaires : celui de l'église et ses petits immeubles collectifs, et surtout celui de la gare RER et ses pavillons des années 30. Il veut raser et reconstruire. Les habitants de la commune ne sont pas dupes, ces travaux vont coûter cher. Mais c'est « l'état de grâce local ». Le 25 janvier 1990, une zone d'aménagement concertée (ZAC) de 7 hectares voit le jour dans le quartier de la gare. Un an et demi plus tard, le 22 janvier 1992, la déclaration d'utilité publique est signée. Première phase : abattre les vieilles maisons. Le maire projette ensuite de faire construire de petits immeubles de standing dont le prix au mètre carré oscillera entre 15 000 et 20 000 francs. Belle opération. La mairie de Houilles confie les travaux à un promoteur immobilier. Il ne reste plus qu'une petite formalité à accomplir : expulser les riverains.

Andrée a 83 ans. Veuve d'un ouvrier métallurgiste depuis trois ans, elle est attachée au petit pavillon qu'elle possède à 80 mètres de la gare RER. Malgré son âge, quand le temps le permet, elle bêche, bine, retourne le jardin. Certes, ses amies lui répètent depuis des années qu'un pavillon de trois niveaux n'est plus de son âge, mais elle refuse d'aller en maison de retraite. Elle veut garder sa maison pour sa fille unique et son gendre.

Le 23 décembre 1992, Andrée reçoit une ordonnance d'expropriation. Désormais, selon la formule consacrée, sa maison appartient à l'autorité expropriante, c'est-à-dire la mairie de Houilles. Mais, selon la loi, Andrée peut en jouir jusqu'à ce que la mairie lui remette le chèque correspondant à l'achat.

Andrée n'est pas d'accord avec les propositions qui lui sont faites. Elle est peut-être octogénaire mais pas gâteuse. Elle sait, comme tous les riverains, que les futurs appartements seront vendus autour de 18 000 francs le mètre carré, or la mairie lui propose de racheter sa maison environ 6 500 francs le mètre carré. Alors Andrée conteste. Elle négocie. On lui offre finalement 1 325 265 francs pour sa maison. C'est maigre. Avec cette somme elle ne retrouvera pas l'équivalent. Que faire ? Résister, c'est impossible.

Le 13 septembre 1993, le juge des expropriations du tribunal de grande instance de Versailles se rend sur place. Il est poli, mais ferme.

– Madame, il va falloir abandonner votre maison. Il faut partir vite, dès les prochains jours, car nous allons commencer les travaux. Nous allons tout démolir.

La larme à l'œil, Andrée vide sa maison. Elle donne des meubles à sa fille et à son gendre, mais il y en a trop pour leur modeste F2. Alors elle brade le reste. En quelques heures, aidée par sa fille, Andrée trouve une maison de retraite prête à l'accueillir. La vieille dame qui voulait continuer à vivre dans son pavillon à côté de ses hortensias se retrouve dans ce qu'elle appelle, non sans humour, une « cage à lapins pour vieux ». Le montant du loyer s'élève à 9 800 francs par mois. Andrée ne perçoit qu'une faible retraite, mais elle compte sur le chèque de la mairie de Houilles pour financer les mensualités.

Les jours passent et le quartier de la gare ne change pas. Les bulldozers n'interviennent pas... et Andrée ne reçoit pas son chèque. Sa fille règle la maison de retraite. Un tour de force pour ce couple d'ouvriers. Ils déboursent en 1993, en 1994, en 1995. Mais à quel prix !

En 1995, de nouvelles élections municipales ont lieu. L'heure est à la sobriété et à l'austérité. Le maire est battu. Comme par enchantement, le promoteur qui devait rénover la ville fait faillite.

Andrée, de sa maison de retraite, appelle le cabinet du nouveau maire.

– Quand allez-vous me payer ? Maintenant la mairie est propriétaire de mon pavillon. Vous m'avez mise dans une maison de retraite, mais moi, je ne peux plus payer les mensualités, et mes enfants sont ruinés !

– La municipalité n'a pas d'argent, elle ne peut vous payer.

Andrée ne comprend pas. Sa fille et son gendre sont à présent au chômage. Ils éprouvent de plus en plus de difficultés pour l'aider. Sûrs de leur bon droit, les enfants d'Andrée vont consulter un avocat puis une association d'aide aux personnes expropriées. Le verdict est saisissant : le code de l'expropriation n'a prévu aucun délai de paiement dans ce type de cas ! Un oubli du législateur.

Epilogue

La mairie de Houilles est propriétaire du pavillon d'Andrée mais elle ne dispose pas de 1,3 million de francs pour la payer. La fille d'Andrée continue de payer les mensualités de la maison de retraite mais, bientôt en fin de droits, ne pourra continuer. Andrée se trouve dans une maison de retraite où elle n'a pas demandé à aller. On l'a dépossédée d'une maison qu'elle-même et son mari avaient achetée et aménagée pour leur fille unique et leur gendre. « Qu'on remette au moins les papiers à mon nom », clame Andrée depuis sa maison de retraite. Il n'en est, bien entendu, pas question. La maison d'Andrée appartient bel et bien à la municipalité de Houilles.

Andrée vient d'avoir 86 ans, et elle ne veut plus revoir cette maison vide qu'on lui a volée et dont le petit jardin est désormais en friche.

Un étrange « secret défense »

Il fallait à la France un site de production capable de fabriquer le combustible nucléaire nécessaire à sa force de frappe, une usine fabriquant de l'uranium enrichi. De Gaulle avait choisi Pierrelatte, commune de la Drôme située à 25 kilomètres de Montélimar et d'Orange, à 60 kilomètres d'Avignon et de Valence.

Lorsque Pierrelatte entre en service en 1963, Paul a 38 ans. Il est père d'une fille de 2 ans et son épouse attend un garçon. La famille habite un lotissement construit à la hâte pour accueillir l'afflux soudain de population généré par cette nouvelle activité. Paul est technicien principal au Commissariat à l'énergie atomique. Il est un des premiers à découvrir le site classé « secret défense ». Il débute dans une unité de production d'uranium enrichi et fournit un travail répétitif et ennuyeux. Quand, dix ans plus tard, se crée une unité d'expérimentation chimique, il demande à changer de service. Désormais Paul travaille dans un laboratoire.

Son unité met au point un procédé chimique de

séparation des isotopes de l'uranium. Paul est passionné par ces recherches. Il travaille toute la journée au contact de produits chimiques très toxiques comme le chlore, le trichloréthylène, le fréon et un solvant appelé le Solvesso 150, un hydrocarbure benzénique trois fois plus volatil que l'éther... donc trois fois plus prompt à pénétrer les poumons ! Tous les employés du CEA sont soumis à des visites médicales trimestrielles obligatoires. Des médecins observent l'évolution de leur formule sanguine, procèdent à des analyses d'urine. Paul, en raison de sa durée d'exposition quotidienne à des produits toxiques, possède sur son dossier médical la mention « hydrocarbures niveau 2 ». Le maximum.

Quatre ans après son arrivée au laboratoire de Pierrelatte, au printemps 1977, Paul est victime d'un malaise. Il souffre d'une assez forte fièvre. Il est épuisé. La médecine du travail le retire de son poste de travail, sans pour autant le mettre en arrêt maladie. Il quitte le labo pour des bureaux. Le 24 août 1977, après une nouvelle visite médicale, il est déclaré apte à réintégrer son poste de travail.

En 1978, nouvelle alerte. Paul souffre à nouveau d'un malaise persistant. Le service médical du CEA lui redemande de quitter le laboratoire expérimental quelques semaines. Paul s'inquiète :

– Vous êtes certains que je n'ai rien de grave ?

On le rassure. Paul a confiance. Pourquoi irait-il consulter un autre médecin ? A Pierrelatte, il est suivi avec un sérieux et une régularité inégalables. Les médecins sont des spécialistes du milieu chimique et du nucléaire. Paul sait qu'il ne trouvera pas l'équivalent dans un cabinet médical de Valence ou d'Avignon.

En 1979, pour la troisième fois, Paul se sent mal. Cette fois, il s'inquiète.

– Vous me cachez quelque chose. Ne me dites pas que tout va bien. Je suis tellement fatigué que je peux à peine me déplacer. Hier, ma température est montée jusqu'à 40,7 degrés. Dites-moi la vérité, je sais que je suis malade.

Peu avant Noël, le médecin du travail lui apprend qu'il est atteint d'une leucémie trichloleucocite, conséquence directe de l'inhalation prolongée de benzène. La situation est si grave que le médecin appelle son épouse et lui dit :

– Faites vite. Agissez tout de suite. Je crains qu'il ne soit déjà très tard !

Deux jours plus tard, le 17 décembre 1979, le CEA déclare la leucémie de Paul « maladie professionnelle ».

Paul est abattu, mais il veut vivre. Il va consulter un des plus grands hématologues, chef de service à l'hôpital Saint-Louis à Paris. Ce dernier confirme le diagnostic. Il établit aussi la corrélation entre le métier de Paul et sa maladie. Il est pessimiste. Sur la centaine de leucémies différentes existantes, celle dont souffre Paul est très difficile à soigner et elle a été détectée à un stade trop tardif. Le professeur est étonné :

– Je ne comprends pas que les prises de sang effectuées ces dernières années n'aient pas permis aux médecins du CEA de diagnostiquer une leucémie. Je ne comprends pas comment des médecins du travail ne vous ont pas envoyé consulter après vos graves malaises de 1977 et de 1978. Désormais, il est tard.

Paul étant trop faible pour supporter une chimiothérapie, on lui administre de la cortisone pour atténuer ses souffrances. En janvier 1980, au cours d'une consultation, le professeur tire la sonnette d'alarme. La rate de son patient est sept fois plus grosse que la normale, il faut procéder immédiatement à son ablation.

Paul est hospitalisé au CHU de Montpellier. Fort logiquement, les médecins réclament son dossier médical.

– Mon dossier médical ? Mais je ne l'ai jamais vu. On ne m'en a jamais parlé. Il est au CEA. Ils savent très bien que je souffre d'une leucémie, que je dois me soigner pour essayer de survivre, mais ils n'ont jamais proposé de me le transmettre.

Les médecins du CHU doivent attendre le dossier avant d'opérer. Il recèle sûrement des informations capitales sur leur patient. Le CHU se tourne donc vers le Commissariat à l'énergie atomique. La réponse ne tarde pas : le CEA refuse de communiquer les bulletins de santé de Paul arguant qu'il s'agit d'informations classées « secret défense » ! Paul ne comprend pas. Pourquoi son employeur séquestre-t-il des documents qui sont vitaux pour lui ? Les médecins du CHU tapent du poing sur la table, font intervenir une assistante sociale et envoient un courrier recommandé au CEA réclamant « de toute urgence » le dossier. Le CEA sait qu'il encourt une sanction judiciaire s'il persiste dans son attitude et transmet finalement les documents. Au vu des analyses de sang effectuées, il apparaît que dès 1974 Paul souffrait d'une leucémie. C'est à cette date que la formule sanguine a changé radicalement et non en 1979. Soit les médecins du CEA savaient donc que Paul souffrait d'une leucémie mais n'ont pas souhaité ébruiter l'affaire, soit ils n'ont pas su établir le diagnostic, ce qui paraît incroyable puisque entre 1974 et 1979, Paul a subi vingt-quatre prises de sang qui toutes révélaient sa maladie. On peut penser que si la médecine du travail avait fait son travail cinq ans plus tôt l'évolution de la maladie aurait été différente.

En avril 1980, Paul subit l'ablation de sa rate et, le 14 mai 1980, la Sécurité sociale reconnaît sa maladie professionnelle. C'est un succès important car une maladie professionnelle, contrairement à un accident du travail, est difficile à prouver, la victime devant apporter la preuve de la culpabilité de l'employeur. Malgré cette victoire, la situation physique de Paul empire. Les médecins du CHU sont pessimistes. Effectivement, Paul n'en peut plus. « Après trois ou quatre ans à ce rythme, j'ai bien cru que j'allais mourir. Les crises de fièvre étaient de plus en plus rapprochées. J'avoisinais souvent les 41 degrés. J'étais au bout du rouleau. 75 % de mes cellules étaient détruites mais j'étais prêt à tout pour vivre encore un peu. »

Le professeur de Saint-Louis décide de tenter une nouvelle thérapeutique : l'Interféron. Le traitement, à l'époque, n'a été expérimenté que sur une vingtaine de malades seulement en France. Paul accepte. L'Interféron ne fait pas de miracles. Paul reste cloué au lit, mais il vit. Autour de lui, nombre de ses collègues sont à leur tour affectés par des leucémies et des cancers. « Au début des années 80, au CEA ils tombaient comme des mouches, raconte Paul. Dans les services de production comme le mien, j'ai dénombré une trentaine de décès. Au départ, je n'étais pas très conscient du rôle du CEA dans ma maladie, mais quand j'ai observé cette accumulation de morts j'ai compris que ce n'était pas un hasard. J'ai demandé à un expert et à l'administrateur général de tenir une réunion sur le site. Ce rendez-vous a été extraordinaire. Après trois heures de discussion, l'expert a démontré au patron du CEA le caractère dangereux des lieux. »

Paul est tout sauf un antinucléaire. L'épreuve qu'il subit ne l'incite même pas à tenir un discours écologiste. « Je trouve que le CEA est une grande maison, mais dans certains sites des responsables n'ont pas su mettre en œuvre les conditions de sécurité nécessaires. Je ne voulais pas attaquer le CEA, je souhaitais simplement faire sanctionner les irresponsables qui ont été la cause de ma maladie. Hélas, le CEA a fait corps, alors j'ai décidé d'aller au combat seul, sans avocat. »

Le 14 mai 1987, Paul demande réparation du préjudice qu'il a subi. La réponse du CEA est décevante : « Nous ne pouvons faire davantage que les avantages que nous vous avons déjà consentis. »

Les avantages consentis ? Une proposition d'embauche pour la fille de Paul et pour son épouse, concrètement, un stage pour sa fille et un emploi de secrétaire au service social de Pierrelatte pour son épouse.

Paul porte plainte au tribunal administratif de Valence. La Sécurité sociale également : elle a versé des indemnités journalières importantes, financé des soins onéreux, elle est en droit de poursuivre le fautif présumé. Le Commissariat à l'énergie atomique avance qu'il ne saurait exister de lien entre la manipulation des produits chimiques et la maladie de Paul. Une défense surprenante puisqu'il avait reconnu la leucémie comme « maladie professionnelle » dès le 17 décembre 1979. Le tribunal administratif de Valence donne raison au chimiste et parle d'une « faute inexcusable de l'employeur ». Cette condamnation constitue une première. Le CEA fait appel devant la cour de Grenoble qui confirme le jugement rendu en première instance. Le CEA se pourvoit en cassation. En 1991, douze années après que Paul a appris sa maladie, la cour statue : « Le CEA a commis une faute inexcusable en laissant pendant un an le salarié au contact du Solvesso 150, alors qu'il était victime d'une leucémie. » Elle ajoute : « L'exceptionnelle gravité des fautes de l'employeur ainsi que la conscience qu'il aurait dû avoir du danger auquel son salarié était exposé démontrent la faute inexcusable. »

Epilogue

L'état de santé de Paul n'a guère évolué en dépit de quinze ans de traitement à l'Interféron. A 72 ans, il est épuisé, fonctionne au ralenti et continue à souffrir. Il a finalement touché un petit dédommagement. Depuis bientôt vingt ans, il n'a jamais vu un représentant du personnel ni une assistante sociale du CEA. Même les syndicats sont intervenus pour lui demander de « ne pas attaquer la boîte, ni cracher dans la soupe ».

Paul a créé une association de soutien aux malades victimes de l'industrie nucléaire et chimique. Lors de notre entretien, il me prend la main : « Dites-le bien dans votre bouquin. Nous ne voulons pas faire la révolution, simplement nous ne voulons pas rester au bord du chemin. Les centrales, les sous-marins, la force de frappe, c'est nous qui les avons construits. Au prix de nos vies. Et quand on voit ce que ça rapporte : le mépris de ceux qui nous ont employés, le cynisme, et puis au bout la mort... »

Conclusion

Qu'ils aient perdu un fils, leur dignité ou leur maison, ceux que l'administration a injustement floués ne pourront jamais oublier. A la tragédie dont ils furent les victimes, l'administration a ajouté un autre calvaire : les heures d'attente, le mépris, la suspicion, les déplacements pour rien, les documents perdus, les erreurs informatiques, le zèle injustifié, le règlement mal fait... Car lutter, vouloir démontrer que l'administration a commis une faute, n'est pas un combat anodin. Les protagonistes, même s'ils en sortent victorieux, restent marqués par ces heures humiliantes. Les quelque quarante personnes que j'ai rencontrées pour rédiger ce livre ont plus souffert du mépris que leur témoignait l'administration que de la faute dont ils avaient été victimes. Lutter contre l'administration est un luxe que seules des personnes moralement fortes peuvent se permettre. Beaucoup préfèrent renoncer, comme Gianni : « Un jour j'ai reçu une note de téléphone de 18 000 francs. J'avais pourtant résilié ma ligne depuis six mois à cause d'un déménagement à Paris. J'avais toutes les preuves, et pourtant ils n'ont rien voulu savoir. J'ai voulu me battre... Mais je serais devenu fou. Violent même. Et puis ils ne voulaient pas ouvrir une ligne dans mon nouveau domicile à cause de ma dette. Dans mon métier, il est impossible de travailler sans téléphone. J'ai pris un crédit à 16,5 % et j'ai payé tout de suite ! »

Faire apparaître une faute, c'est induire qu'il y a un fautif. Et l'administration n'aime pas ça ! Amidonnée dans ses principes, elle ne veut rien connaître de la modernité. Alors, face au vent de révolte citoyenne qui souffle, l'administration essaie de « faire jeune » : on repeint les murs, on enlève le distributeur de tickets d'attente dans le hall... Le lifting ne fait pas illusion. C'est toujours la même incompréhension derrière les guichets, et les mêmes bavures scandaleuses qui se reproduisent. Au lieu d'ouvrir de grands chantiers, au lieu de repenser son organisation, l'administration construit des murs entre elle et les usagers. Pour se protéger.

A tous les niveaux règne une entente qui rend quasiment impossible la transparence. Dès qu'un citoyen en colère menace ce système opaque, les fonctionnaires font bloc : on tarde à communiquer des pièces, on dissimule... bref, entre fonctionnaires, on se serre les coudes. Car tous les moyens sont bons pour barrer la route à ceux qui osent pointer du doigt la toute-puissante administration française.

Bien sûr, pour calmer les esprits, les hommes politiques ont créé le « médiateur de la République ». Un superbe exemple de cynisme ! Le médiateur de la République, dont la mission est d'intercéder dans les litiges avec l'administration... fait partie de l'administration ! Nommé en Conseil des ministres pour six ans, il reçoit chaque année la bagatelle de quarante-cinq mille dossiers à traiter. Comment cet homme pourrait-il améliorer les rapports entre les citoyens et l'administration alors qu'il n'a pas le pouvoir d'imposer une décision à une administration fautive, à l'inverse de ses homologues dans de nombreux pays étrangers ? Il doit se contenter de « proposer des solutions ». Vaste pantalonnade !

Résultat : la plupart des errements de l'administration française restent impunis. A chaque fois qu'il commet une faute à l'encontre d'un usager, le fonctionnaire s'abrite sous le parapluie de l'Etat. Il bénéficie de la protection juridique de l'administration qui l'emploie. Bon nombre des bavures présentées dans ce livre sont la conséquence de cet incroyable statut.

Comment rendre l'administration plus juste ? Comment éviter cette inflation des dérapages ? Régulièrement les hommes politiques parlent d'intervenir. Beaucoup de bruit pour de piteux résultats. Rien n'a jamais été sérieusement fait dans ce sens. On ne s'attaque pas au statut des fonctionnaires. Pourtant nombreux sont ceux qui, à droite comme à gauche, rêvent de restaurer la confiance. Il suffirait d'enclencher trois réformes, réclamées depuis des années déjà par les associations de consommateurs et d'usagers de l'administration :

1. Rendre chaque fonctionnaire juridiquement responsable de ses actes, comme il en va pour les salariés du secteur privé.

2. Faire en sorte que les citoyens s'intéressent

davantage au fonctionnement de leur administration. Lionel Jospin évoquait au printemps 1997 la mise en place de « commissions de citoyens-usagers » au sein de chaque administration. L'idée, maintes fois évoquée, n'a toujours pas été traduite en actes.

3. Permettre à l'Etat d'indemniser tout de suite les victimes de l'administration. Aujourd'hui, quand EDF se présente en retard à un rendez-vous avec un abonné, l'entreprise verse une somme de 150 francs. C'est un début, et un beau symbole !

Face à l'injustice quelles sont les armes des citoyens ? La bonne foi, le courage, l'opiniâtreté... et les associations. En France, les consommateurs des services publics, les contribuables, les justiciables, et plus largement les usagers de l'administration, peuvent bénéficier du soutien d'associations actives. Ils peuvent aussi compter sur les vingt organisations régies par la loi de 1901, et officiellement agréées pour représenter les consommateurs et défendre leurs intérêts. Outre leurs activités au plan national (études, recherches, représentation dans de multiples instances officielles ou privées, information et formation des consommateurs), ces mouvements sont présents à l'échelle locale à travers de nombreuses associations.

Il faut savoir que la plupart des structures locales tiennent des permanences afin d'aider les particuliers à résoudre leurs problèmes. Pour connaître les adresses des associations les plus proches de votre domicile, interrogez soit les mouvements nationaux, soit le Centre technique régional de la consommation dont vous dépendez. Un usager du service public est un consommateur de ce service public. Quels que soient les litiges que vous aurez avec une administration, ces associations de consommateurs feront leur possible pour vous informer, vous aider et vous défendre. Ces permanences sont assurées par des militants et fonctionnent à des jours et heures variables (renseignez-vous par téléphone). Pour le traitement des dossiers litigieux, il vous sera demandé une contribution à la vie de l'association sous forme d'adhésion. Pour les petits litiges qu'une médiation peut régler, une adhésion de 150 francs est souvent préférable à une procédure judiciaire et aux frais qui y afferent.

Adresses utiles

Voici la liste des vingt associations de consommateurs officielles, membres du Conseil national de la consommation :

ADEIC-FEN

Association d'éducation et d'information du consommateur de la Fédération de l'Education nationale.

3, rue de la Rochefoucauld, 75009 Paris

Tél : 01 44 53 73 93

Terrain spécifique : Information du jeune consommateur. Education à la consommation des élèves.

AFOC

Association Force ouvrière consommateurs.

141, avenue du Maine, 75014 Paris

Tél : 01 40 52 85 87

Terrain spécifique : Défense du consommateur. 50 000 adhérents indépendants (non syndiqués à FO).

ALLDC

Association Léo-Lagrange pour la défense des consommateurs.

12, cité Malesherbes, 75009 Paris

Tél : 01 44 53 30 90

Terrain spécifique : Défense du consommateur et éducation populaire à l'usage des adhérents. Revendique 250 000 adhérents. Proche du Parti socialiste.

ANC

Association fédérale des nouveaux consommateurs.

31 bis, avenue du Maréchal-de-Lattre-de-Tassigny, 92220 Charenton-le-Pont

Tél : 01 45 18 06 00

Terrain spécifique : Faire participer les consommateurs et les usagers de l'administration à des travaux avec les pouvoirs publics et les professionnels. Faire que les usagers prennent position et soient représentés avant la réalisation d'un projet.

ASSECO CFDT

Association études et consommation.

4, bd de la Villette, 75019 Paris

Tél : 01 42 03 83 49

Terrain spécifique : Défense de ses consommateurs. Réalisations d'études.

CGL

Confédération générale du logement.

143, bd Anatole-France, 93285 Saint-Denis Cedex

Tél : 01 48 09 37 41

Terrain spécifique : Tous les problèmes liés au logement. Réglementation, logement social.

CNAFAL

Conseil national des associations familiales laïques.

108, avenue Ledru-Rollin, 75011 Paris

Tél : 01 47 00 03 80

Terrain spécifique : Défense du consommateur dans les domaines de l'enseignement, le logement et la santé. Très bonne implantation locale.

CNAFC

Confédération nationale des associations familiales catholiques.

28, place Saint-Georges, 75009 Paris

Tél. 01 48 78 81 61

Terrain spécifique : Logement, santé, conflits avec l'administration.

CNAPFS

Comité national des associations populaires familiales syndicales.

22, rue des Halles, 75001 Paris

Tél : 01 53 40 71 85

Terrain spécifique : Les prix et les droits de la personne seule.

CNL

Confédération nationale du logement.

8, rue Mériel, BP 119, 93104 Montreuil Cedex

Tél : 01 48 57 04 64

Terrain spécifique : Très présente dans les problèmes liés au logement social.

CSCV

Confédération syndicale du cadre de vie.

15, place d'Aligre, 75012 Paris

Tél : 01 53 17 17 15

Terrain spécifique : Très présente sur le terrain, cette confédération dynamique œuvre surtout dans le domaine de la justice, l'environnement, la formation, l'action sociale.

CSF

Confédération syndicale des familles.

53, rue Riquet, 75019 Paris

Tél : 01 44 89 86 80

Terrain spécifique : Grâce à un bon service juridique, le CSF mène de nombreuses actions juridiques pour défendre les intérêts de ses membres.

FFF

Fédération des familles de France.

28, place Saint-Georges, 75009 Paris

Tél : 01 44 53 45 90

Terrain spécifique : Très implantée localement, les FFF entendent faire respecter les droits matériels et moraux des familles. Travaillant dans les domaines de la santé, les transports, les loisirs, les FFF ont créé voici quelques années des « Comités locaux de consommateurs (Coloc) » très dynamiques pour les démarches collectives.

Familles rurales.

7, cité d'Antin, 75009 Paris

Tél : 01 44 91 88 88

Terrain spécifique : Lutte contre la dévitalisation des campagnes et soutient, comme son nom l'indique, les droits des familles rurales.

FNAUT

Fédération nationale des associations des usagers des transports.

32, rue Raymond-Losserand, 75014 Paris

Tél : 01 43 35 02 83

Terrain spécifique : Les transports. Lutte pour les intérêts des usagers.

INDECOSA-CGT

Association pour l'information et la défense des consommateurs salariés.

263, rue de Paris, 93516 Montreuil Cedex

Tél : 01 48 51 55 03

Terrain spécifique : Prix, droits des consommateurs.

ORGECO

Organisation générale des consommateurs.

43, rue Marx-Dormoy, 75018 Paris

Tél : 01 46 07 09 65

Terrain spécifique : Droits des consommateurs et des usagers de l'administration. Bon service juridique.

UFC-Que choisir

Union fédérale des consommateurs-Que Choisir.
11, rue Guénot, 75011 Paris
Tél : 01 43 48 55 48
Terrain spécifique : Informer les consommateurs et les usagers, les représenter en justice, intervenir auprès des pouvoirs publics. Très polyvalente et très compétente, l'UFC-Que choisir dispose d'un bon service juridique et d'une solide expérience.

UFCS

Union féminine civique et sociale.
6, rue Béranger, 75003 Paris
Tél : 01 44 54 50 54
Terrain spécifique : Défense des droits des femmes.

UNAF

Union nationale des associations familiales.
28, place Saint-Georges, 75009 Paris
Tél : 01 49 95 36 00
Terrain spécifique : Défend consommateurs et usagers de l'administration en préservant les intérêts de la famille. Représente les intérêts de la famille auprès de 120 instances nationales.

Les Centres techniques régionaux de la consommation (CTRC) sont les relais nécessaires de ces associations dans les régions. Si vous avez un problème, ils vous aiguilleront vers les associations concernées ou vous conseilleront sur les procédures à suivre. En voici la liste complète :

CHAMBRE DE CONSOMMATION ALSACE (CTRC)

Siège social et bureaux Bas-Rhin
7, rue de la Brigade-Alsace-Lorraine, 67000 Strasbourg,

Tél : 03 88 35 30 50
Bureaux Haut-Rhin
18, rue Louis-Pasteur, 68100 Mulhouse
Tél : 03 89 56 30 32

CTRC AQUITAINE
11, cours du Chapeau-Rouge, BP 102, 33024 Bordeaux Cedex
Tél : 05 56 48 29 20

CTRC AUVERGNE
3, rue du Maréchal-Joffre, 63000 Clermont-Ferrand
Tél : 04 73 90 58 00

CTRC BASSE-NORMANDIE
12, rue Neuve-Saint-Jean, 14000 Caen
Tél : 02 31 85 60 13

CTRC BOURGOGNE
14, rue du Palais, 21000 Dijon
Tél : 03 80 30 15 55

CTRC BRETAGNE
19 bis, rue Duhamel, 35100 Rennes
Tél : 02 99 31 74 44

CTRC CENTRE
3, rue Alain-Gerbault, BP 1026, 41010 Blois Cedex
Tél : 02 54 43 98 60

CTRC CHAMPAGNE-ARDENNE
4, allée Charles-Baudelaire, BP 16, 51470 Saint-Memmie Cedex
Tél : 03 26 66 06 06

CTRC CORSE
6, avenue Pascal-Paoli, 20000 Ajaccio
Tél : 04 95 22 24 39

CTRC FRANCHE-COMTÉ
37, rue Battant, 25000 Besançon
Tél : 03 81 83 46 85

CTRC HAUTE-NORMANDIE
113, rue Hélène, 76600 Le Havre
Tél : 02 35 53 11 45

CTRC ILE-DE-FRANCE
6, rue de Chantilly, 75009 Paris
Tél : 01 42 80 96 97

CTRC LANGUEDOC-ROUSSILLON
18, rue Marceau, 34000 Montpellier
Tél : 04 67 92 64 10

CTRC LIMOUSIN
25, rue Encombe-Vineuse, 87100 Limoges
Tél : 05 55 77 65 70

CTRC LORRAINE
5, rue Saint-Léon, 54000 Nancy
Tél : 03 83 28 02 68

CTRC MIDI-PYRÉNÉES
35, rue Gabriel-Péri, 31000 Toulouse
Tél : 05 61 62 37 41

CTRC NORD-PAS-DE-CALAIS (UROC)
47, rue Barthélemy-Delespaul, 59800 Lille
Tél : 03 20 54 13 49

CTRC PAYS DE LA LOIRE
43, rue du Pré-Gauchet, 44000 Nantes
Tél : 02 40 89 15 27

CTRC PICARDIE
38, rue Lamartine, 80000 Amiens
Tél : 03 22 91 04 52

CTRC POITOU-CHARENTES
23, avenue Robert-Schumann, 86000 Poitiers

CTRC PROVENCE-ALPES-CÔTE D'AZUR
23, rue de Coq, 13001 Marseille
Tél : 04 91 50 27 94

CTRC RHÔNE-ALPES
20, rue de Condé, BP 2008, 69227 Lyon Cedex 02
Tél : 04 78 42 29 76

Départements d'outre-mer :

GUADELOUPE
UDAF
2, rue Lardenoy, 97100 Basse-Terre
Tél : 05 90 99 25 25

UFC
Résidence « Capitaine-Murphy », 97139 Les Abymes
Tél : 05 90 90 16 71

MARTINIQUE
FRAC-CTRC MARTINIQUE
Lotissement « Les Terrasses »
Basse-Gondeau Bât. F Local 1 97232 Lamentin
Tél : 05 96 50 26 62

GUYANE
ASSOCIATION DES CONSOMMATEURS DE GUYANE (ACOG)
49, rue du Docteur-Barrat, 97300 Cayenne
Tél : 05 94 30 00 54

RÉUNION
CTRC RÉUNION
20, rue du Pont-Neuf, 97400 Saint-Denis
Tél : 02 62 41 27 31

Restent les associations non officielles. Très efficaces, elles ont souvent été fondées par d'anciennes victimes de l'administration qui mettent leur expérience au service des autres. Elles ont une action plus ciblée et, moyennant une faible cotisation, elles défendent les citoyens en difficulté contre les abus de l'administration et des grands acteurs de la vie sociale. Voici les associations que je vous recommande :

ADUA

Association des usagers de l'administration.
Président : Jean-Claude Delarue.
37, bd Saint-Martin, 75003 Paris
Tél : 01 42 72 11 15

L'ADUA est présente dans tous les départements. Elle possède une vaste arborescence : Comité de défense des usagers des Assedic, Comité de défense des victimes d'erreurs médicales, Comité de défense des victimes de l'assurance, Comité de défense des victimes d'avocats, SOS bruit, SOS syndics, Comité de défense des petits propriétaires (qualité de la construction, locataires abusifs, certificats d'urbanisme), SOS bizutages...

AAVAM

Association d'aide aux victimes des accidents de médicaments.
Président : Georges-Alexandre Imbert.
36-38, rue Blomet, 75015 Paris
Tél : 01 41 10 87 00

ARC

Association des responsables de copropriété
29, rue Joseph-Python 75020 Paris
Tél : 01 40 30 12 82

Contribuables associés
Présidente : Benoîte Taffin.
42, rue des Jeûneurs, 75077 Paris Cedex 02
Tél : 01 42 21 16 24

La ligue des contribuables
114, rue Michel-Ange, 75016 Paris
Tél : 01 46 51 07 87

Ligue des droits du père. Entraide et médiation
221, rue du Faubourg-Saint-Honoré, 75008 Paris
Tél : 01 42 89 13 80

Ligue française contre le bruit
8, rue de Stockholm, 75008 Paris
Tél : 01 45 22 79 33

SOS environnement
19, rue de Liège, 75009 Paris
Tél : 01 44 63 02 30

Ligue contre la violence routière
15, rue Jobbé-Duval, 75015 Paris
Tél : 01 45 32 91 00

La ligue des droits de l'assuré
Président : Jean Pringault.
BP 204, 15, place Boislandry, 61306 L'Aigle Cedex
Tél : 02 33 34 82 72

Collectif des victimes du sang contaminé du sida, hépatite C et Creutzfeldt-Jakob
12, rue de l'Abbé-de-l'Epée, 75005 Paris
Tél : 01 44 07 38 38

INAVEM
Institut d'aide aux victimes de la médiation.
14, rue Ferrus, 75014 Paris
Tél : 01 45 88 19 00

Adresses utiles

Fédération des AVIAM de France (Aide aux victimes des accidents médicaux et à leurs familles)
22, avenue Emile-Zola, 75015 Paris
Tél : 01 45 79 13 05

MANES
Mouvement associatif nucléochimique et satellite (victimes des industries chimiques et nucléaires)
Président : Paul Champeau.
4, Dans le Vent, Denlevent, 26700 Pierrelatte
Tél : 04 75 04 11 61

SOS catastrophes (fédération nationale des victimes d'accidents collectifs)
7, rue Geoffroy-Saint-Hilaire, 91000 Evry
Tél (numéro gratuit) : 0800 60 50 40

SOS logement
28, rue Fontaine-au-Roi, 75011 Paris
Tél : 01 40 21 06 16

Syndicat de défense des expropriés
Président : M. Périnet
25, rue Saulnier, 75009 Paris
Tél : 01 45 23 28 00

Union française contre les nuisances des aéronefs
Président : Roger Vayrac
2 bis, rue du Lion, 91380 Chilly-Mazarin
Tél : 01 69 09 12 19

Remerciements

Remerciements à Me Jehanne Collard, Jean-Claude Delarue, Me Rachid Siad, Géraldine Levasseur, Georges-Alexandre Imbert, Muriel, Claudine Duchesne, Frédéric Gilbert, Nelly Bonnefous, Lionel de Christen, Pierre Blois, Me François Rozenbaum, Me Pierre Frey, Antoine Delage, Patrick Melves, Me Cfismadia, à ceux qui m'ont aidé et dont on doit taire le nom, enfin à mes amis de « Sans concession », et de France 3 Ile-de-France-Centre.

Table

Du même auteur

Enquête sur les SM
Albin Michel, 1996

*Cet ouvrage a été composé
et achevé d'imprimer sur Roto-Page
par l'Imprimerie Floch à Mayenne,
pour les Éditions Albin Michel
en mars 1998.*

N° d'édition : 17417. N° d'impression : 43333.
Dépôt légal : mars 1998.
Imprimé en France.